LES LUSIGNANS

DU POITOU & DE L'AGENAIS

Tiré à 100 *Exemplaires*

LES
LUSIGNANS

DU

POITOU & DE L'AGENAIS

PAR

M. Jules DE BOURROUSSE DE LAFFORE

AGEN

IMPRIMERIE P. NOUBEL, Vᵉ LAMY, SUCCESSEUR

1882

Lorsque Voltaire en 1732 ose, le premier, mettre dans la tragédie des noms des grandes races françaises, et que dans Zaïre il fait exprimer par le vieux Lusignan des sentiments qui arrachent des larmes et sont restés dans toutes les mémoires :

« Mon Dieu, j'ai combattu soixante ans pour ta gloire... »

il livre à l'admiration de l'univers le type des vertus chrétiennes et chevaleresques, c'est à-dire de ce que l'imagination de l'homme a trouvé de plus grand et de plus admirable.

Ce nom de Lusignan, doux et agréable à l'oreille, est si brillant, si resplendissant, il est synonyme de tant d'éclat et de tant de gloire, qu'on se demande involontairement, en voyant les ruines du château des marquis de ce nom qui dominent la plaine de la Garonne, si les Lusignans de l'Agenais sont de la même race, de la même maison que les Lusignans du Poitou, sires de Lusignan, comtes de La Marche, d'Angoulême, de Pembrock, etc.; et par suite que les rois de Jérusalem et de Chypre.

La question d'identité d'origine des Lusignans du Poitou et des Lusignans de l'Agenais, élevée à la hauteur de question historique, a été posée ; elle n'a pas été résolue. Elle exige, elle mérite de plus complètes recherches. Je demande l'autorisation de l'étudier de nouveau, de la présenter sous une autre forme, de discuter les opinions émises, de faire quelques rapprochements trop négligés, de mettre en lumière des faits importants restés obscurs, et de conclure.

Il faudra un peu d'attention ; j'en fais mes excuses aux lecteurs, bien plus qu'aux lectrices, trop habiles en général pour suivre une discussion qui menace de n'être pas toujours attrayante.

I. — SIRES DE LUSIGNAN (du Poitou),

COMTES DE LA MARCHE, D'ANGOULÊME, DE PEMBROCK, ETC.,

950 à 1303.

Les sires de Lésignan ou de Lusignan sont une branche cadette ou les puînés de comtes de Poitiers, ducs d'Aquitaine, qui ont fini par Eléonore d'Aquitaine, fille de Guillaume X, comte de Poitiers, dernier duc d'Aquitaine. On sait que cette princesse Eléonore ou Aliénor, née en 1122, fut mariée en 1137 à Louis VII, roi de France, répudiée en 1152, remariée deux mois après avec Henri Plantagenet, comte d'Anjou, duc de Normandie, puis roi d'Angleterre en 1154.

Guillaume III, dit *Tête d'étoupes* à cause de sa chevelure épaisse et blonde, comte de Poitiers en 935, duc d'Aquitaine en 950, fils aîné de Ebles comte de Poitiers, est le 5e aïeul d'Eléonore héritière d'Aquitaine, successivement reine de France et d'Angleterre. Le même Guillaume III, *Tête d'étoupes*, avait, selon certains historiens et la commune renommée, pour frère puîné Hugues Ier, dit *le Veneur*, sire de Lésignan ou de Lusignan, contemporain de Louis IV d'Outre-mer, roi des Francs de 936 à 954.

Hugues II, dit *le Cher* ou *le Bien-aimé*, sire de Lusignan, fils de Hugues *le Veneur*, vivait sous les règnes de Guillaume IV, dit *Fierabras*, comte de Poitiers, duc d'Aquitaine, son cousin germain, et de Lothaire, roi des Francs de 954 à 986. Il fit bâtir le château de Lusignan, avec le secours de la *fée Mélusine* protectrice des Lusignans (qui, d'après la tradition populaire, était sa mère et nommée Mélusine parce qu'elle était dame de Melle et de Lusignan ou Lusinhan, selon l'orthographe de l'époque).

Ce Huges II a laissé, entre autres enfants, 2 fils :

Hugues III, dit *le Blanc*, sire Lusignan ou de Lésignem en 997 (sous le règne de Hugues Capet), et marié avec Arsendis ;

Et Jocelin de Lusignan, devenu sire de Parthenay par son mariage, père de Guillaume de Lusignan auteur des sires de Parthenay, et de Foucault de Lusignan, seigneur de La Roche, dont on fit La Rochefoucault (*Rupes Fucaldi*), auteur de la maison ducale de La Rochefoucault, encore existante.

Hugues IV dit *le Brun*, sire de Lésignan, souscrit en 1010, avec Arsendis sa mère, la charte d'une donation pour l'abbaye de Saint-Cyprien de Poitiers. Il épouse l'an 1015 Audéarde, fille de Raoul I, vicomte de Thouars ; se distingue dans les combats contre les Sarrasins d'Espagne vers 1020 ; fonde en 1024 l'église et le prieuré de Notre Dame de Lusignan, et le prieuré de Saint-Martin de Couhé. Il meurt vers 1030, laissant d'Audéarde de Thouars ou d'un premier mariage, entre autres enfants.

Hugues V dit *le Pieux*, ou *le Débonnaire*, sire de Lésignan, assiégé dans son château par Guy Geoffroy, dit Guillaume VIII, comte de Poitiers, duc d'Aquitaine et de Gascogne, son proche parent, et tué par les gens de ce duc le 8 octobre 1060. Il avait épousé Almodis de La Marche, fille aînée de Bernard Ier, comte de La Marche en Limousin, de la première race, et de la comtesse Amélie. Cette princesse Almodis, d'abord mariée avec Hugues *le Pieux*, puis vers 1040-45 avec Pons, comte de Toulouse, de Quercy, d'Albigeois et en partie de Nîmes ou de Saint-Gilles ; enfin, l'an 1053, avec Raymond Bérenger Ier, dit *le Vieux*, comte de Barcelonne du 26 mai 1035 au 27 mai 1076, eut la singulière destinée d'être successivement répudiée par ses trois maris, et de les avoir en même temps tous les trois en vie. Elle eut cependant pour fils respectueux et dévoué le célèbre Raymond IV, comte de Toulouse, de Saint-Gilles, etc., l'un des principaux et des plus glorieux chefs de la première croisade.

Hugues VI, dit *le Diable*, parce qu'il a une force prodigieuse et une audace peu commune, sire de Lusignan, fils aîné d'Almodis de La Marche, et frère utérin du même Raymond IV, comte de Toulouse, et de Raymond Bérenger II, dit *Tête d'Etoupes*, comte de Barcelonne du 27 mai 1076, au 5 décembre 1082, défend son château de Lusignan contre Guillaume VIII, comte de Poitiers, duc d'Aquitaine et de Gascogne en 1060, a de nombreuses guerres pour le comté de La Marche, auquel il prétend avoir des droits du chef d'Almodis, sa mère. Il combat en 1087 les Sarrasins d'Espagne, épouse Ildegarde ou Aldegarde de Thouars, fille d'Aymeri IV, vicomte de Thouars, et d'Aurengarde de Mauléon, fait le voyage de la Terre-Sainte en 1101, combat à la bataille de Rames ou de Ramla le 26 mai 1102, et laisse entre autres enfants :

Hugues VII, qui suit ;

Et, Jean de Lusignan, seigneur baron de Couhé, auteur de la branche de Couhé de Lusignan, qui a de nos jours contracté une alliance en Agenais, et dont j'aurai l'occasion de parler plus loin.

Hugues VII dit *le Brun*, devient en 1110, seigneur de Lusignan à la mort de son père. Il fonde l'abbaye de Bonneveau, se croise avec le roi Louis VII le Jeune en 1147 ; il accompagne par conséquent Eléonore d'Aquitaine sa parente, alors reine de France. Il scelle d'un sceau *burelé de 10 pièces* en 1151. Ses armoiries sont peintes au Musée de Versailles sur les frises de la grande salle des Croisades, et celles de son frère Hugues, sur un des piliers. Hugues VII laisse de Sarasine, sa femme morte avant 1144, entre autres enfants :

1º Hugues VIII, qui suit ;

2º Guillaume de Lusignan, marié à Denise d'Angles, héritière de sa maison. Il prend le nom d'Angles et le transmet à ses descendants ;

3º Rogue de Lusignan, regardé comme l'auteur des seigneurs de Saint-Gelais. J'en parlerai plus loin parce qu'un rameau de cette branche a contracté une alliance directe avec Henri, baron de Lusignan près d'Agen, gouverneur de notre ville, etc. ; et qu'un autre rameau posséda pendant plusieurs générations le château de Puycalvary également en Agenais ;

4º Simon de Lusignan, auteur des seigneurs de Lezay et des Marais.

II. — CINQ LUSIGNANS PORTENT LA COURONNE ROYALE.
LES AINÉS RESTENT SIRES DE LUSIGNAN.

Hugues VIII, dit *le Brun*, sire de Lusignan, fils ainé de Hugues VII, passe en Terre-Sainte à l'exemple de ses pères, y est fait prisonnier à la bataille de Harenc le 13 août 1165, et laisse de son mariage avec Bourgogne de Rancon, dame de Fontenay (fille de Geoffroy de Rancon, seigneur de Taillebourg, et de Fossine sa femme), sept fils, qui ont porté le nom de Lusignan à un dégré de puissance et de gloire qu'il n'avait pas atteint jusque là.

1o Hugues IX, sire de Lusignan, comte de La Marche, qui a continué la postérité ;

2o Geoffroy Ier de Lusignan, dit comte de La Marche, et seigneur de Vouvant, présent au siège de Saint-Jean-d'Acre en 1191, vit en 1212, épouse Eustache Chabot, dame de Vouvant et de Mairevent, et en secondes noces, Clémence, fille de Hugues, vicomte de Châtellerault. Il a du premier lit, Geoffroy II de Lusignan, dit *à la Grande-Dent* (1233-1242), qui n'a pas d'enfants de Humberge de Limoges, et Guillaume de Lusignan, qui n'a que des filles ;

3o Amaury de Lusignan, couronné roi de Chypre en 1194, roi de Jérusalem de 1197 à 1205. Son fils Hugues de Lusignan est roi de Chypre de l'an 1205 à 1218 ; son petit-fils Henri de Lusignan, roi de Chypre de 1218 à 1254 ; et son arrière petit-fils autre Hugues de Lusignan est roi de Chypre de 1253 à 1267 ;

4o Guy de Lusignan, couronné roi de Jérusalem en 1186 ; il ajoute alors au *Burelé d'argent et d'azur de 10 pièces*, qui sont les armes primitives de la maison de Lusignan, *un lion de gueules, armé, lampassé et couronné d'or, brochant sur le tout*. La branche d'Agenais porte les mêmes armes ;

5o Raoul Ier de Lusignan, dit d'Issoudun en 1197, seigneur de Melle, Chizay et Sivray, comte d'Eu, du chef de sa femme Alix. Raoul II de Lusignan, fils des précédents comte d'Eu, seigneur de Melle, Chizay et Sivray, épouse 1o en 1222 Jeanne de Bourgogne ; 2o Yolande de Dreux ; 3o Philippe de Ponthieu. Il laisse du second lit Marie de Lusignan, comtesse d'Eu, mariée avec Alphonse de Brienne, dit d'Acre, dont la famille a porté la couronne royale ;

6o et 7o Pierre et Guillaume de Lusignan mentionnés dans diverses chartes de l'abbaye de Nouaillé.

Hugues IX, dit *le Brun*, sire de Lusignan, comte de La Marche, l'aîné des sept frères, épouse Mathilde, fille unique et héritière de Wlgrin, dit *Taillefer III*, comte d'Angoulême. Il suit Richard, *Cœur de Lion*, duc d'Aquitaine ou de Guienne à la croisade en 1190, retourne en Palestine en 1206 et meurt en 1208, ou, suivant une autre version, meurt avancé en âge sous l'habit de religieux de l'ordre de Grandmont, au monastère de l'Ecluse, qu'il avait fondé.

Hugues X, sire de Lusignan, comte de La Marche et d'Angoulême, fils des précédents, est accordé l'an 1200 avec Isabelle d'Angoulême, fille du comte Adhémar et d'Alix de Courtenay. Au moment où le mariage va être consommé, Jean-Sans-Terre, roi d'Angleterre, frère et successeur de Richard, *Cœur de Lion*, répudie Isabelle de Glocester, enlève Isabelle d'Angoulême, l'épouse et se crée de nombreux ennemis. Cette reine Isabelle, devenue veuve en 1216, épouse en 1217 celui qu'elle devait épouser 17 ans plus tôt. Hugues X de Lusignan part pour la Terre-Sainte en 1218 ; il est au siège et à la prise de Damiette le 5 novembre 1226.

Rentré en France, il suit le parti des Seigneurs qui veulent enlever la régence à la reine Blanche de Castille pendant la minorité du roi St-Louis. Et lorsque Alphonse de France reçoit du roi Louis IX son frère, le comté du Poitou en apanage, Hugues X sire de Lusignan, comte de La Marche et d'Angoulême, emporté par les conseils pernicieux de son épouse altière, toujours nommée la *reine Isabelle* parce que la couronne royale donne une dignité ineffaçable, va braver un fils de France, le comte de Poitou, jusque dans sa capitale et lui déclarer la guerre. Il appelle ensuite à son secours son beau-fils Henri III, roi d'Angleterre (fils du roi Jean Sans Terre et d'Isabelle d'Angoulême) ; il prévoit en effet que le roi de France, à la tête de ses armées, ira secourir son frère le comte de Poitiers.

Orgueilleux vassal, dira-t-on. Je ne le conteste pas ; mais il faut convenir qu'un simple seigneur du xiiie siècle qui ose livrer deux batailles à l'armée française commandée par le roi Louis IX en personne, âgé seulement de 28 ans, doit avoir un cœur bien hardi et se sentir une grande puissance. Lusignan est vaincu à Taillebourg sur les bords de la Charante, le 20 juillet 1242 et quatre jours après à Saintes. Il conclut le traité de paix le 3 août 1243 ; puis il accompagne Saint-Louis à la 7me croisade (1248), et meurt en 1249.

Il laisse de son mariage avec Isabelle ou Elizabeth d'Angoulême, entre autres enfants :

1° Hugues XI, qui suit ;

2° Guy de Lusignan, sire de Cognac et de Merpins 1262, mort en 1281, ne laissant qu'une fille ;

3° Geoffroy de Lusignan, sire de Jarnac 1263, puis vicomte de Châtellerault, rameau éteint à la seconde génération ;

4° Guillaume de Lusignan, comte de Pembrock dit de Valence (1247-63). Sa postésité s'est éteinte à la troisième génération.

Hugues XI, dit *le Brun*, sire de Lusignan, comte de La Marche et d'Angoulême, suit, avec son père Hugues X, le roi Saint-Louis à la 7me Croisade (1248), combat à la bataille de la Massoure le 5 avril 1250 ; est tué à cette bataille suivant les uns, meurt en 1260 suivant d'autres. Il avait épousé en 1238 Yolande de Dreux, comtesse de Porrhoët (d'abord promise à Richard d'Angleterre, comte de Cornouailles), fille d'un prince de la Maison de France Pierre de Dreux, dit *Mauclerc*, comte ou duc de Bretagne, par son mariage avec Alix de Thouars, héritière de cette province. Ce Pierre Mauclerc, en effet était, par son père Robert II et son aïeul Robert le Grand, l'arrière-petit-fils de Louis VI le Gros, roi de France de 1008 à 1037, et d'Adélaïde ou Alix de Savoie.

Hugues XII, dit *le Brun*, sire de Lusignan, comte de La Marche et d'Angoulême, après son père, épouse Jeanne, dame de Fougères, et meurt en 1282.

Hugues XIII, dit *le Brun*, dernier sire de Lusignan, comte de La Marche et d'Angoulême de sa race, épouse en août 1276 Béatrix de Bourgogne, fille de Hugues IV, duc de Bourgogne, et de Béatrix de Navarre Champagne. Il sert en 1302 le roi Philippe IV le Bel contre les Flamands. Il avait pour frère Guy de Lusignan, seigneur de Couhé, mort sans postérité ; et 4 sœurs ; Isabelle, femme d'Elie Rudel, sire de Pons ; Marie, épouse d'Etienne II, comte de Sancerre ; Jeanne, femme de Pierre de Joinville-Vaucouleurs, puis de Bernard Ezi Ier, sire d'Albret ; et Izabelle, religieuse.

Avec Hugues XIII s'éteint la première branche de Lusignan, dont tous les aînés, pendant 13 générations, ont porté sans aucune exception le prénom de Hugues.

III. — LES LUSIGNANS, DE L'AGENAIS,
JUSQU'A LA FIN DU XV⁰ SIÈCLE.

Il y avait en Agenais des Lusignans sur les deux rives de la Garonne, sous les règnes de Philippe-Auguste, roi des Francs de 1180 à 1223, et de ses successeurs. Ils ont fini par une femme au commencement du règne de Louis XV.

Vital de Lusignan (Lausignan) est le contemporain des rois Philippe-Auguste, Louis VIII et Saint-Louis.

Honors du Lusignan, fille de Vital qui précède, et mariée avec Pierre de Lamarque, vend, par contrat de 1242 retenu par M⁰ Elie, notaire d'Agenais, à messire Armand-Raymond de La Mothe, chevalier de la milice du Temple et commandeur d'Argentens, la moitié du moulin de Batpaumes et la moitié de celui de Sourbet, situés en la juridiction de Nérac, pour la somme de cinquante-cinq francs Morlas. M. Denis de Thézan qui nous fournit ces données, ajoute que 543 ans plus tard, le 5 avril 1785, par acte devant M⁰ Bivès, notaire de Toulouse, une transaction est passée au sujet dudit moulin de Batpaumes, entre le marquis de Lusignan et M. le grand Prieur de de Léaumont, commandeur d'Argentens.

On sait que cet Armand-Jean-Jacques comte de Lau, marquis de Lusignan, comte de Saintrailles, brigadier des armées du roi, député de la noblesse de Condom aux Etats généraux, mort le 19 septembre 1793, et père du dernier marquis de Lusignan, mort pair de France le 5 avril 1844, était le fils d'Armand-Joseph, et le petit-fils de Jean-Joseph comte de Lau, et d'Anne de Lusignan, héritière du marquisat de ce nom. Ainsi, Jean-Joseph de Lau devint marquis de Lusignan par son mariage, mais à la condition de porter et de transmettre à sa postérité le nom et les armes de Lusignan. La transaction du 5 avril 1785 relative au moulin de Batpaumes, dont une moitié avait été aliénée en 1242 par Honors de Lusignan, prouve que ce marquis de 1785 avait succédé aux droits de sa grand'mère, Anne de Lusignan, et que celle-ci était la descendante de Vital de Lusignan père de Honors.

Savary I⁰ʳ de Lusignan (Louzignan, Lausignan) assiste comme témoin, le 10 à l'issue d'octobre (21 octobre) 1254, au serment de fidélité fait au roi d'Angleterre Henri III et à son fils Edouard, par Géraud V, comte d'Armagnac et de Fezensac. Il donne, en 1264, ses seigneuries, etc., au Temple de Cours, membre d'Argentens, par acte passé devant Pierre Dellac, notaire. En 1270, il fait une donation aux hospitaliers de Saint-Jean de Jérusalem.

Bernard Ier de Lusignan (Lausenhan) donne aussi, vers 1270, aux Templiers, cent sols sur ce qu'il possède en la paroisse d'Achères et sur la métairie de la porte del Castel, près la rivière de Baïse. Ces biens dépendaient du fief de Meilhan et du membre de Nérac, membre de la commanderie d'Argentens. Peu après, le même Bernard de Lusignan *se donne* lui-même aux Templiers avec sa terre de Balarc. Il promet, par conséquent, amour aux frères de la religion, jure de défendre l'ordre en actions et en paroles et de n'appartenir à aucune autre confrérie. Il veut en retour être enseveli dans le cimetière des Templiers. Celui qui est reçu *Donné*, n'est pas qualifié frère, mais il porte au côté gauche de son vêtement trois branches seulement de la croix de l'ordre. M. Denis de Thézan, qui donne ces détails, cite divers exemples de *Donnés* contemporains et voisins de Bernard de Lusignan, tels que Hugues de Pardaillan, Bernard d'Andiran, Arnaud de Couture, Rostaing de Padiern, Forton d'Arconques, Arnaud d'Anglades, Arnaud d'Argentens, Forton de Calabé, Guillaume-Arnaud del Poy, Raymond de Lartigue, Constantin de La Veyre, Guillaume del Bosc.

Savary II de Lusignan (Lausignan) et Arnaude de Monlong, sa femme, donnent au commandeur du Temple de Cours, un bois situé dans la paroisse d'Auzac, et appelé *lou bosc d'Auzac*, confrontant avec le bois de la Couture, appartenant à Seigneron de Mourlet, écuyer, et avec les bois des hommes de Caillac. L'acte est retenu, en 1288, par Bernard Labrouste, notaire de Casteljaloux. On sait que la paroisse d'Auzac est située entre Casteljaloux et Grignols, à la limite des arrondissements de Nérac et de Bazas.

L'an 1289, la même Arnaude, femme de Savaric de Lusignan (sic), vend au commandeur du Temple d'Argentens, le bois d'Auzac, paroisse du même nom, confrontant avec terre de Seigneron Loubens, écuyer; terres de Raymond Ops, écuyer, et Pélegrine de Loubens, mariés; bois de La Sauvetat de la maison de Cours, et chemin de Casteljaloux. L'acte est passé devant Bernard Cazeneuve, notaire de Bazas.

Raymond de Lusignan (*sic*), écuyer, et Arnande de Monlong (qui paraît être sa mère), donnent par bail à fief à Pélegrin Causel, une terre située dans la paroisse d'Auzac, appelée au Pradias, confontant à terre de Seigneron Loubens, écuyer, d'une part, terre du temple de Cours, d'autre ; et terre de Guillaume d'Auzac, de deux parts, sous la rente de sept sols morlas, payable le 1er août. Cet acte est de l'année 1282 et retenu par le même Bernard Lobrouste, notaire.

MM. d'Auzac de La Martinie habitants le Bordelais, et MM. d'Auzac de Campagnac habitants de l'Agenais, eurent leur filiation et leur noblesse établies le 14 décembre 1734, par Louis-Pierre d'Hozier, juge d'armes de France, sur preuves remontant à Michaud d'Auzac, écuyer, demeurant à Beauville en Agenais, lequel avait fait son testament le 21 mai 1555. J'ignore s'ils descendent du Guillaume d'Auzac de 1282, signalé par M. Denis de Thézan.

Une sentence arbitrale entre frère Vital de Caupène, commandeur de Cours, et Raymond Garcie de Saint-Sauveur, est rédigée l'an 1286 par Guillaume Delprit, notaire, pour raison de deux bois situés en la paroisse de Saint-Pierre de Larroque, et dont l'un confronte avec le bois de Raymond de Lusignan. Ce dernier donne en 1288 au commandeur de Cours, un bois sis en la paroisse d'Auzac, appelé *lou bosc d'Auzac*, avec les terres y joignant.

Bernard II de Lusignan (Lausignan) donne par bail à fief à Pierre de Maubert, une pièce de terre en la paroisse d'Auzac, lieu appelé al Maurenay. L'acte est retenu l'an 1330 par Me Guillaume Domens.

Frère Pons d'Alps (ou d'Aups), chevalier de l'ordre de Saint-Jean de Jérusalem, passe, en qualité de procureur fondé de frère Roussel de Mirapeis, commandeur de Romestang, une lausime en faveur de Raymond Gredin, d'une pièce de terre confrontant avec le bois dudit Bernard II de Lusignan (Losignan), écuyer. L'acte retenu par Vital del Mals, notaire de Casteljaloux, est de l'an 1337.

Raymond Guillaume de Lusignan, écuyer, possède en 1355, de la terre confrontant à terre de Laurent d'Auzac, paroisse d'Auzac.

Savary III (alias Alary) de Lusignan donne par bail à fief à Bernard et Guillaume del Castéra, une pièce de terre située en la paroisse d'Auzac et Flaviac, lieu appelé *al Bernet,* pour la rente de douze deniers bordelais. L'acte est retenu l'an 1354 par Bernard de Camps, notaire de Loutrange.

L'année suivante (1355), le même Savary III de Lusignan consent un bail à fief à Vidal del Casal d'un « estage » dans ladite paroisse d'Auzac, confrontant à terre de Laurent d'Auzac, tenant de Raymond Guillaume de Lusignan, écuyer.

Auzac de Lusignan, archer, les sieurs de Verduzan, de Bezolles, d'Antras, de Labat, de Caupenne, de Massencome, d'Arcisas, de Cassagnet, de Bonas, de Bordes, de Bourrouilhan, de Broca, de Saint-Pé, de Lavenère, de Pardaillan, etc., sont à la revue de 100 hommes d'armes et de 200 archers commandés par le sire d'Albret, passée à Nantes le 15 avril 1491.

Colart de Lusignan est passé en revue à Castres d'Albigeois le 27 juin 1498, avec la compagnie de monseigneur d'Albret. Il est avec Durfort, Pontac, Mainvielle, de Caupenne, de Bordes, de Polastron, de Montpezat, de Mérens, etc.

Charlotte de Lusignan, mariée avec Jacques de Montagu de Lomagne, comte d'Astaffort, a pour fille.

Armoise de Montagu de Lomagne, mariée le 11 janvier 1578, avec Joseph-François de Fumel, second fils de François, baron de Fumel, et de Gabrielle de Verdun.

M. Denis de Thézan se demande si cette Charlotte de Lusignan, devenue comtesse d'Astaffort par son mariage, ne serait pas la fille de Savary III de Lusignan, mentionné aux années 1354 et 1355. Le rapprochement des dates suffit pour répondre négativement; puisque Armoise de Montagu, fille certaine de Charlotte de Lusignan s'est mariée en 1578, près de deux siècles après son prétendu grand'père.

IV — BARONS DE LUSIGNAN, Y COMPRIS
JEAN, BARON DE LUSIGNAN,
LIEUTENANT DE ROBE COURTE DU SENÉCHAL D'ANGENAIS, COMMANDANT LA NOBLESSE DU PAYS.

Nous avons vu le commandeur d'Argentens acheter en 1242 à une Lusignan, la moitié du moulin de Batpaumes, et 543 ans plus tard un autre commandeur d'Argentens faire une transaction au sujet de ce moulin de Baptpaumes avec l'héritier de tout les Lusignans d'Agenais ; ce qui indique la parenté ou l'identité d'origine de ces Lusignans de la rive gauche et de la rive droite de la Garonne. Dans cette nomenclature chronologique, j'ai réservé quelques personnages comme plus probablement seigneurs des châteaux de Lusignan-Grand et de Lusignan-Petit.

Arnaud de Lusignan (Lésinhan) est du nombre des plus grands seigneurs de l'Agenais qui prêtent serment au roi d'Angleterre dans l'église Saint-André de Bordeaux, le 19 juillet 1363 :

Amanieu du Fossat, seigneur de Madaillan, baron.

Arnaud Raymond d'Aspremont, seigneur de Roquecorn, baron.

Bertrand de Durfort, seigneur de   , baron.

Arnaud de Durfort, seigneur de Bajamont, baron.

Arnaud, seigneur de Montagu.

Raymond Bernard de Durfort.

Arnaud de Durfort, fils de Guillaume Raymond.

Rainfroi, seigneur de Montpezat, baron.

Guillaume Ferréol, seigneur en partie de Saint-Pierre de Tonneins.

Hugues, seigneur de *Puyans* et de *Laian*, baron.

Fort-Sans, seigneur de Saintrailles, chevalier.

Arnaud Guilhem de *Clayrat* captal de Pechagut, baron.

Raymond d'Espagne pour lui et pour sa femme.

Ysarn de Balenx, seigneur de Puchbottin, baron.

Le dit Arnaud de Lusignan.

Arnaud de Lacassagne, seigneur de Savignac, chevalier.

Amanieu de Montpezat, seigneur de Lusignan (Lésinhan), baron.

Pons d'Andiran (d'Andiras), chevalier.

Bertrand de Galard, chevalier.

Bertrand de Filartigue, chevalier.

Pierre de Vellissan (mot mal lu).

Jean de Cazenave (ou de Cazenove).

Raymond de Pélagrue, chevalier.

Pierre de Rovignan, seigneur de Montcaut, baron.

Bertrand de Fumel, seigneur de Monségur.

Rostaing de Mons ou Moïs, seigneur d'Astaffort, baron.

et quelques autres grands seigneurs de l'Agenais.

Ainsi, Arnaud de Lusignan fait partie de la plus haute noblesse du pays, bien qu'il soit momentanément dépouillé du château de Lusignan. Mais on sait qu'à cette époque les partisans des rois de France avaient généralement leurs châteaux confisqués par les rois d'Angleterre, et réciproquement. Peu à peu les choses rentraient dans l'ordre et les grands fiefs étaient le plus souvent rendus après la guerre à leurs légitimes propriétaires. En 1363, Amanieu de Montpezat avait le château de Lusignan, qu'il n'avait pas reçu de ses pères et qu'il n'a pas transmis à sa famille.

N. de Lusignan est le seigneur mentionné dans ce passage de Darnald : « 1439. Les seigneurs de Boville, de Lusignan et le juge ordinaire d'Agen, ayant complotté de ruiner et de perdre cette ville, et de s'en saisir par le moyen des embûches et intelligences, l'entreprise découverte il y eut à cette occasion bon nombre de morts, de blessés et de pendus. »

Boudon de Saint-Amans qui rapporte ce passage avait écrit à l'année 1434 :

« Le château de Lusignan est pris par Raymond de Montpezat ; il s'empara, disent les manuscrits, du bourg, de l'église et de la tour. Par la tour d'un lieu on entendait alors le château qui lui servait de défense. »

Entre partisans du roi de France ou du roi d'Angleterre, la guerre était incessante. Raymond de Montpezat s'empare en 1434 du château de Lusignan, comme Amanieu de Montpezat l'avait fait avant 1363. Tout cela est passager.

Briant de Lusignan, archer, est à la montre passée à Provins le 13 novembre 1475, des 88 hommes d'armes et des 200 archers, sous la charge et conduite de M. le comte de Dammartin. Il sert avec :

HOMMES D'ARMES.

M. de Durfort de Bajamont,   Carbonnieu de Busca,
Jeannot de Montcassin,   Jean de Moncault,
N.   de Bordes,   Guillot de Castanet.

ARCHERS.

Pierre Bordes,   Jean de Lian,
Aistelas de Marignac,   Claude de Commarque.
Raymond d'Anglade,

tous gentilshommes et circonvoisins.

Bertrand de Lusignan, archer, est compris au rôle de la montre faite à Salvaignac, en Agenais (peut-être Sauvagnas), le 5 octobre 1526, de quarante-huit hommes d'armes et de quatre-vingt-seize écuyers, faisant le nombre de quarante-huit lances fournies des ordonnances du roi, sous la charge du sieur d'Esparros, capitaine. Raymond de Lian, Macé de L'Isle, Jean de Béarn dit de Miossens, La Vielle, Mathieu de Castelnau, Gaston de Baulac sont archers de la même compagnie. (*La question des Lusignan, par M. Denis de Thézan, Revue d'Aquitaine, tome XIII, p. 389 à 397.*)

Chaque lance fournie se composait de six personnes : un homme d'armes, trois archers, un coustillier et un page ou valet. Les hommes d'armes et les archers étaient tous gentilshommes sous Louis XII et François Ier. « Ma gendarmerie, écrivait ce dernier, est composée « de l'élite de ma noblesse. » Henri III, par son ordonnance de 1575, prescrit que « tout archer des ordonnances sera de race noble. »

J'arrive à Jean, baron de Lusignan, successivement archer et homme d'armes, puis lieutenant de robe courte du sénéchal d'Agenais et Gascogne, commandant la noblesse du pays.

Il sert longtemps, d'abord comme archer, ensuite en qualité d'homme d'armes dans la compagnie de cinquante lances fournies des ordonnances du roi sous la charge de René Ier de Savoie, comte de Villars, de Sommerine, etc. (du chef de Philippe II, duc souverain de Savoie, son père), et comte de Tende (du chef de son épouse, Anne de Lascaris, qu'il avait épousée le 10 février 1498). Le comte de Tende combat à la bataille de Marignan (14 octobre 1515), toujours auprès de la personne du roi François Ier. René Ier de Savoie créé Grand-Maître de France en 1519, a pour successeur dans cette charge, de 1526 à 1558, son gendre Anne, duc de Montmorency, qui fut connétable de France.

Il est donc à présumer, que Jean de Lusignan était à la bataille de Marignan et près de François Ier, avec la compagnie d'ordonnances du comte de Tende. Les compagnons d'armes de Jean de Lusignan étaient Jean et Joachim de Monluc (frères de Blaise qui devint maréchal), Poncet de Lavardac, Pierre, Bertrand et François de Saint-Gresse de Séridos, Guillaume de Verfeuil, Antoine d'Aignac, Jean de Varaignes, Gaspard et Antoine de Laval, François de Soliers, Jean du Bernet, Jean de Flamarens, Michel de La Coste, Jean Marin, Philibert de Monts, Michel de Redon, Salyv de La Peyre, Antoine Roland,

Antoine de Raymond, Simon Sac, François de Savignac, Etienne de Mellet, Jacques de Montault, Pierre du Puy, Louis de Castillon etc. etc.

« Si les Lusignan avaient perdu de leur splendeur au xv⁰ siècle, ils avaient au moins conservé la pureté de leur origine, » dit avec raison M. Denis de Thézan, dans l'article cité.

L'ancienne baronnie de Lusignan, érigée en marquisat par le roi Louis XIII, en 1618, se composait des paroisses de Lusignan-Grand, Lusignan-Petit, Maurignac et Saint-Laurent situées sur les hauts plateaux qui dominent la rive droite de la Garonne et de Saint-Hilaire de Colayrac (traversée par le ruisseau de Bourbon), dans la plaine. Elle formait une juridiction ayant haute, moyenne et basse justice. Elle avait pour limites la Garonne au midi; les communes actuelles de Saint-Cirq et de Madaillan à l'est; encore Madaillan au nord-est; Clermont-Dessous à l'ouest; Frégimont et Prayssas au nord-ouest. De ces cinq paroisses de la juridiction de Lusignan, trois sont aujourd'hui érigées en communes: Lusignan-Grand, du canton du Port-Sainte-Marie; Lusignan-Petit, du canton de Prayssas; Saint-Hilaire de Colayrac, de l'un des deux cantons d'Agen.

Nous verrons que les barons de Lusignan possédaient, en outre, la juridiction de Galapian et une partie de la juridiction de Clermont-Dessous. On lit, en effet, dans une pièce importante faisant partie des Archives du château de Xaintrailles ou Saintrailles :

Hommage du 16 mars 1539, rendu au roi François Iᵉʳ, par

« ..... Nostre cher et bien amé Jehan de Lézignan, escuyer, seigneur du dict lieu, en personne, ès mains de nostre amé et féal chancelier, à cause et pour raison de la terre, seigneurie et jurisdiction du dict Lézignan, de la la terre, seigneurie et jurisdiction de Gallapian et de la troisiesme partie de la terre, seigneurie et jurisdiction de Clermont-Dessoubs, toutes icelles terres et seigneuries situées et assises en nostre séneschaussée d'Agennois. ..... »

(Ce passage de l'hommage, rendu en 1539 par Jean de Lusignan, m'a été communiqué par M. Ph. Tamizey de Larroque, membre correspondant de l'Institut, qui l'avait copié dans lesdites Archives.)

Jean, baron de Lusignan, épouse Adrienne de Constantin, damoiselle d'une très ancienne maison noble du Périgord, qui a son histoire généalogique dans l'*Histoire généalogique et héraldique des Pairs de France*, publiée par M. de Courcelles, tome X.

M. Tamizey de Larroque a vu ce contrat de mariage dans les Archives du château de Saintrailles, il en a pris note; mais il a le regret d'avoir, au milieu de tant de richesses historiques et généalogiques, oublié d'écrire la date de cet acte. Le mariage de Jean, baron de Lusignan, et d'Adrienne de Constantin, n'a pas été connu par M. de Courcelles, et nous l'ignorerions encore sans M. Tamisey de Larroque. Il est antérieur au 16 mars 1539, puisque nous verrons Adrienne de Lusignan se marier en 1554.

Un document officiel, encore inédit, et d'une certaine importance pour l'histoire de l'Agenais et du Condomois, constate que Jean de Lusignan était seigneur baron dudit Lusignan, et lieutenant de robe courte du sénéchal d'Agenais et de Gascogne, charge importante, enviée par les plus grandes races du pays, parce qu'en des circonstances déterminées, elle donnait *le droit de commander la noblesse de ces deux sénéchaussées*.

Personne n'ignore que, pendant sept à huit siècles, le *sénéchal* d'une province était un chevalier distingué, investi de pleins pouvoirs pour représenter le roi quand il fallait convoquer et commander la noblesse en temps de guerre, rendre la justice, etc., etc., en un mot, gouverner. Ce sénéchal avait lui-même un *lieutenant*, comme il y a de nos jours dans un régiment un lieutenant-colonel pour aider ou remplacer le colonel. Durant cette longue période, le sénéchal, trop absorbé par l'administration et le commandement militaire, se fit suppléer, spécialement sous le rapport judiciaire, par un Juge Mage, chef des magistrats chargés de rendre la justice dans toute la sénéchaussée. Peu à peu, le sénéchal militaire et son lieutenant furent dits de *roube courte*, et le Juge Mage (ou sénéchal judiciaire) fut dit *de robe longue*. En d'autres termes, le sénéchal et le lieutenant de robe courte, gouvernaient, administraient, convoquaient et commandaient la noblesse de la sénéchaussée; le Juge Mage ou sénéchal de robe longue, rendait la justice dans le même territoire.

Ces dénominations et distinctions de charges du Moyen-Age étant rappelées, je donne *textuellement* le document historique et important que j'ai annoncé. Je me permets de mettre entre deux parenthèses quelques noms trop défigurés pour être facilement reconnaissables.

ROLLE DES NOBLES

Subjectz à servir au ban et arrière ban de la sénéschaussée d'Agennois et Gascogne, convocqués en la ville d'Agen les dernier de febvrier et seiziesme mars
1557.

ROLLE DES NOBLES

Subjects a servir au ban et arrière ban de la sénéschaussée d'Agennois et Gascogne convocqués en la ville d'Agen les dernier de febvrier et seiziesme mars 1557, par devant nous Herman de Sevin, juge mage, y acistant Jean de Lusigran, seigneur baron du dit lieu, et lieutenant de robe courte du sénéschal d'Agennois et Gascogne, suivant les patantes du Roy.

Le seigneur de Monpezat, qui est le compte de Villars (honorat de Savoie)...	V chevaux légers.
Le seigneur de Lauzun...........	V chevaux légers.
Le seigneur de Caumont.........	V chevaux légers.
Le seigneur de Faulhet, Monpoilhan et Saint-Berthomieu.............	I cheval léger.
Le seigneur d'Estissac..........	VII chevaux légers.
Le seigneur de Lustrac.........	VII chevaux légers.
Le seigneur de Thonens Dessoubs...	IV chevaux légers.
Le seigneur de Bajamont........	IV chevaux légers.
Le seigneur de Duras..........	III chevaux légers.
Le seigneur de Pujols..........	II chevaux légers.

Le seigneur de Cancon, avec l'ayde du seigneur de Lamothe de Pis, le Sr de Pichon et le sieur de Villerbeau.

Taxé sçavoir le seigneur de Cancon un cheval léger et tiers ; le seigneur de Lamothe de Pis un tiers ; et les seigneurs de Pichon et de Villebeau un autre tiers. . . . II chevaux légers.

Le seigneur de Beauville avec l'ayde des seigneurs de Massanès, de Marcous, de Régoulières, de Quissac, le sieur de Riverres. I cheval léger.

Le baron de Fumel avec l'ayde du seigneur de La Goute, du sieur de Mazières, du sieur Famemorte de Thonnens, le sieur de Pamicot. . . . . II chevaux légers.

Taxé sçavoir le dit seigneur de Fumel et de La Goute un cheval léger et demy, et les dits sieurs Mazières, Famemorte et Pamicot autre demy cheval léger.

Le seigneur de Clermond Dessus quy est François de Balsac, S^r d'Antraigues. . . . IV chevaux légers.

Le baron de Montastruc, seigneur de Buzet. . . . . I cheval léger.

Le seigneur de Pardailhan avec l'ayde de la dame de Saint-Pardon sa niepce. . . . . I cheval léger.

Taxé sçavoir la dite dame une sixiesme partye, et le seigneur de Pardailhan le reste du dit cheval léger.

Le seigneur de Blanquefort. . . . . I cheval léger.

Le seigneur de Théobon. . . . . II chevaux légers.

Le seigneur de Combebonnet avec l'ayde du seigneur de La Roque Bois-Verdun, Sardepur, Sr de Travey, Lauzun et François de La Lande conseigneur de Monbiel. I cheval léger.

Taxé seavoir le dit Combebonnet demy cheval léger, et ses aydes autre demy.

Le seigneur de Cassaneuil avec l'ayde du seigneur de Fontirou, du sieur de Castelgailhard, du sieur de Cambes, près d'Agen,

du sieur de Lassalle-Bertrand, et du sieur
de Graveron de Sainte-Foy. . . . .   II chevaux légers.

Taxé seavoir le dit sieur Fontirou et Castelgailhard un tiers de cheval léger; Cambes un cinquiesme, et le sieur de Lassalle-Bertrand une dixiesme partye; le dit Graveron une autre dixiesme, revenant aux aydes deux tiers, et le restant le dit sieur de Cassaneuilh.

Les sieurs de Laduguie, Basse de Campagnac d'Aix dict Capoulette et de La Rouquette. . . . .   I cheval léger.

Le seigneur de Cathus et de Nouailhac, près Penne . . . .   II tiers de cheval.

Taxé seavoir le dit Cathus un tiers et le dict de Nouailhac un autre tiers.

Le sieurs de Lamothe Quieryc de Castilhonnés, le seigneur de Veyrier, Jean d'Ayzary consieur de Veyrier, le seigneur de Bonnet Saint-Quenty et Saint-Savom, et le seigneur de Castetz. . . . .   I cheval léger.

Les seigneurs de Picques, de Carbonnières, de Vallette Verdun et Carbonnier de Lamothe Ferrier dict Laroque, le sieur de Laroque près Montflanquin, le sieur de Boudin, Belloc de Cancon, et le sieur de Teyssonat . . . .   I cheval léger.

Taxé seavoir le dit sieur de Carbonnières et ses frères une huictiesme partye; le seigneur de Vallette une cinquiesme; le dit Picques pour une autre cinquiesme; de Lamothe Ferrier pour une doutziesme; le seigneur de Boudin une vingt-cinquiesme; et le seigneur de Larroque pour une vingtiesme; et le dit Belloc pour une autre vingtiesme et le dit de Teyssonnat pour une sixiesme.

Le seigneur de Couyssiel, Saint-Chinier, de Cauzac et Delboscq.......... I cheval léger.

Taxé seavoir le dit seigneur de Couyssiel et Saint-Chinyé la quatriesme partye d'un cheval léger ; le seigneur de Cauzac pour une autre quatriesme partye et le dit del Boscq pour demy cheval léger.

Le seigneur de Montegut......... I cheval léger.

Le seigneur de Laugnac, tant pour les biens qu'il tient en Agennois, Armaignac, que Bourdelois.............. II chevaux légers.

Le seigneur de Luzignan avec layde des sieurs de La Cane et Castelsagrat..... I cheval léger.

Taxé seavoir le dit de La Cane pour une neufviesme partye, de Castelsagrat pour une cinquiesme, et le dit de Luisignan pour le reste du cheval léger.

Le seigneur de Thouard (sans doute Thouars) pour ce qu'il tient de la maison de Montpezat, avec l'ayde du seignenr de Lassalle del Prat............ I cheval léger.

Taxé seavoir le dit de La Salle del Prat quy est ayde audit seigneur de Thouarel pour une huictiesme partye.

Le sieur de Prayssas pour ce qu'il tient de Monpezat un cheval léger........ I cheval léger.

La dame de Dolmayrac et conseigneur de Cours, pour les biens qu'il tient de la maison de Monpezat............ I cheval léger.

Le sieur de Frespech......... II chevaux légers.

Le seigneur de La Maurelle...... I cheval léger.

Le seigneur de Clermond Dessous, avec l'ayde du seigneur de Saint-Mézard (de Sibault)................ I cheval léger.

Le seigneur de Montauu. . . . . I cheval léger.

Le seigneur de Valence, avec l'ayde du seigneur de Tayrac et ses frères, le sieur de Longueville près Marmande quest le seigneur des lieux et seigneur d'Espalais près le Port Sainte-Marye . . . . I cheval léger.

Taxé seavoir le dit Tayrac et ses frères demy cheval léger; le dit de Vallance un tiers de cheval léger; et le seigneur d'Espalais près le Port Sainte-Marye au lieu du sieur de Longueville pour une sixiesme partye de cheval léger.

Le sieur d'Alemans. . . . . II tiers de cheval léger.

Le seigneur de La Duguie dessus. . . . I tiers de cheval léger.

Le seigneur de Cezerac . . . . XXVe partye de cheval léger.

Le seigneur de Perricart. . . . . I cheval léger.

Le seigneur d'Autherive. . . . . 1 cheval léger.

Le seigneur de Vertuilh, avec l'ayde du seigneur de Cambes. . . . . I cheval léger.

Taxé seavoir le dit de Cambes pour une partye de cheval léger, et le dit sieur de Vertuil pour le reste du cheval léger.

Le seigneur de Virac avec l'ayde des seigneurs de Bourget Duvignau et Madailhan, le seigneur de Foyssac et le seigneur d'Auriolles. . . . . I cheval léger.

Taxé le dit sieur Duvignau pour une vingt-cinquiesme partye de cheval léger; le dit Madailhan pour une dixiesme; d'Auriolle pour un vingt-cinquiesme; Foyssac pour une huictiesme, revenant un tiers de cheval léger, et le dit sieur de Birac pour le reste.

Le seigneur de La Chapelle Biron, avec l'ayde du seigneur de Monségur et Rogier.   I cheval léger.

Taxé seavoir le dit seigneur de La Chapelle Biron pour un tiers de cheval léger; le dit de Monségur pour la moytié d'un cheval léger, et le dit de Rogier pour une sixiesme partye.

Le seigneur de Roquecort, le sieur de Saint-Bauzel et le sieur La Barde. . . . .   I cheval léger.

Taxé seavoir le dit seigneur de Rocquecort d'un tiers de cheval léger; le dit sieur de Saint-Bauzel une cinquiesme partye, et le dit sieur de La Barde pour un vingtiesme.

Le sieur de La Pujade . . . .   I cheval léger.

Le seigneur de Cuzort, baron de Luzech, et le seigneur d'Escassefort . . . .   I cheval léger.

Le seigneur de Saubatère (Sauveterre) .   II chevaux légers.

Le seigneur de Puicalvary. . . . . . .   I cheval léger.

Le seigneur d'Escandailhac, avec l'ayde de Pestilhac de Cuzorn.. . . . .   II chevaux légers.

Le seigneur de Brunet et de Lestelle frères; le seigneur de Born; le sieur de Cessac; le sieur de La Cassagne, et les hoirs de feu Pierre Boé. . . . .   I cheval léger.

Taxé sçavoir le dit seigneur de Born une tierce partie de cheval léger; le seigneur de La Cassagne une huictiesme; et les hoirs pour raison des biens qu'ils tiennent de la maison de Pardailhan un cinquiesme; et le dit de Lestelle pour l'autre moytié d'un tiers de cheval léger.

Le seigneur de Fieux de Beauville près Miradoux. . . . .   II tiers de cheval léger.

Le seigneur de Canabazes et le seigneur de Monbrun et le seigneur de Carbonnac. I cheval léger.

Le seigneur de Monteilh près de Puymirol pour ce qu'il y a et dans la ville et jurisdiction d'Agen et ailleurs un demy cheval léger............... Démy cheval léger.

Le seigneur de Plèneselve, François Leguet son fils, Lamothe d'Ante, Lamothe Sudré, le seigneur de Lagarde juge mage en la présente sénéschaussée d'Agennois ; La Giscardie de Rebeilh, Sainte-Foy d'Ante et Labastide............... I cheval léger.

Taxé sçavoir le dit sieur de Plèneselve et son fils un tiers de cheval léger ; Lamothe d'Ansse (d'Anthe) une cinquiesme partye ; La Giscardie une neuviesme ; Labastide une cinquiesme ; Lagarde une quinziesme partye ; Sainte-Foy d'Ansse (d'Anthe) une huictiesme.

Le seigneur du Castella........ I tiers de cheval léger.

Les Hébrars de Villenefve quy sont les seigneurs du Roy, le seigneur du Roquailh et ses frères, le sieur de Bonrepaux, le seigneur de Favols, le sieur de Braubal et le seigneur de La Lande............ I cheval léger.

Le sieur de Lab*e*nze, le sieur de La Séguynie, Charlot de Guerre de ce qu'il tient de la seigneurie, le seigneur de Peron ; le seigneur de Beaulieu, et les seigneurs de de Lembertye, de Sainte-Foy, le seigneur de Puy Guiraud et le seigneur de la Tour de la Sauvetat de Caumont......... I cheval léger.

Le sieur de Frégimond......... I cheval léger.

Le sieur de Férussac, La Chapelle Trenteilh, le sieur de Galaup, le seigneur de Fages, le seigneur de Pradines à Gontaud. . II tiers de cheval léger.

Le seigneur de Mellet de Gontaut et le sieur d'Aiguesvives, le sieur de La Barthe près La Sauvetat de Caumont, le seigneur de Lamothe Durfault, le sieur de La Caussade, le seigneur de Saint-Pastour, le seigneur de Lostelneau noble Pierre Raymond, sieur François d'Auberty frères, le seigneur de Cadrès. . . . . , I cheval léger.

Taxé sçavoir le dit sieur de Mellet une quatriesme partye de cheval léger ; Aigues Vives une dixiesme partye ; Lamothe Durfault une huictiesme ; La Caussade une troisiesme ; les dits d'Auberty une dixiesme ; le sieur de Lescalle une quinziesme pour les biens qu'il a acquis du seigneur de La Cassaigne près du dit Agen ; et le dit sieur de Cadrès une autre quinziesme partye de cheval léger et le dit sieur de Lostelneau pour une vingtiesme partie de cheval léger.

CONDOMOIS.

Le seigneur de Fieumarcon. . . . . II chevaux légers.

Le seigneur de Corrensan de la Salle de Pincarré Alard. . . . . III chevaux légers.

Le seigneur de Toujouse, avec l'ayde du seigneur de Trenqueléon et le seigneur de de Saint-Berthomieu. . . . . I cheval léger.

Le seigneur de Terraube avec les aydes du seigneur de Fieux près Francescas, le seigneur de Volpilhon et le sieur de Pedenas (Podenas) et le sieur de Peron (Parron). I cheval léger.

Taxé sçavoir le dit de Fieux et Volpilhon pour une huictiesme partie, et le dit de Pedenas et Peron pour une cinquiesme, et led. Tarraube le reste du cheval-léger.

Le seigneur de Bruch.	I cheval léger.
Le seigneur de Puy Bardin (Puy-Pardin).	I cheval léger et demy.
Le seigneur de Fourcès et de Larroque, Jean Monbal sieur du dit Laroque.	I cheval léger et demy.
Le seigneur du Fraysse (Fréchou). . . .	I cheval léger.
Le seigneur de Callonges et Sainte-Trailhe (Saintrailles), et le sieur de Camboulhères et le sieur de Roquefère.	III chevaux légers.
Le seigneur du Sendat, Merens, Moncassin, Lamothe Bonnet, Valerin, Gueyze, Estrapoy et Bounet.	I cheval léger.

Taxé sçavoir les dits sieurs Dussendat, Merens, Moncassin un cheval léger, et les dits Gueyse et Extrepoy une quatriesme partye, avec l'ayde du seigneur de Bonnet d'une vingtiesme et les dits sieurs de Valerin pour une quatriesme partye.

Le seigneur de Lisse, Fosseries, d'Arzies, Lussan, Cauzens, Villenufve, Beauregard, de Labardac et d'Espaze.	I cheval léger.

Taxé sçavoir Lisle une dixiesme partye de cheval léger; Fosseries une dixiesme; d'Ayzies et Lussan une cinquiesme; Caussens une cinquiesme; Villeneufve une quatriesme; Beauregard et de Paze une douziesme.

Le seigneur de Saint-Mézard, Jean du Gout sieur de Rouilhac et conseigneur de Saint-Mézard, noble Gillis de Faudouas comme mary de Jeanne de Lisle, pour ce quelle tient de Saint-Mézard, le sieur de Rignan et le sieur de Roquelaure.	I cheval léger.

Bernard de Massanès dict de Castillhon
un quart de cheval léger. . . . . I cart de cheval léger.

Le seigneur de Saint Orens, Caussens
près Condom, Plieux et d'Aurolle. . . . . . I cheval léger.

Les seigneurs de Larroquaing (Rocquaing)
conseigneur de Larroque de Fieuxmarcon,
les hoirs de Borit de Saint-Martin de Goyne,
de Pincarré, de Galard, de La Rocquépine
de Bosigues (Las Bousigues) conseigneur
de Ligardes, les seigneurs de Terrobonan
(Torrebren), du Doffies (Déhès), de Lasserre
consieur de Ligardes ; le sieur de Busca
près Condom, noble Jean de Besolles seigneur de Castris et conseigneur de Berrac,
et François de La Reux conseigneur de
Terraubon. . . . . I cheval léger.

Taxé sçavoir Torrebran une septiesme
partye de cheval léger ; de Maran une huictiesme ; Berrac une quinziesme ; Rocquain
une quinziesme ; Castres une seiziesme ;
Lasserre une cinquiesme ; Pincarré, Galard
et Rocquepine une quatriesme, et les autres
suivant leur dénombrement.

Le seigneur de Cauderolle (Cauderoue),
le seigneur de Gerbaux, le seigneur de
Ravigand (Révignan) et le seigneur de Seres. I cheval léger.

Les seigneurs de Lauba, de Brazales
(Brazalem) et d'Arconques. a esté bailhé pour
ayde la demoiselle de Lomaigne pour ses
biens qu'elle détient de Montagut (Mon-
tagnac). . . . . I cheval léger.

Le sieur de Feugas, Berran (Berrac), de
La Monjoye, d'Anduran, d'Ardessé et de
Gimat pour ce qu'il tient en bony. . . . . . I cheval léger.

Taxé sçavoir d'Anduran et d'Ardessé la
moytié du cheval léger ; le dit d'Ardesse la
quatriesme partye et les autres le reste.

Le seigneur de Mauvoisin près Monbeau,
le seigneur de Boussault autrement Fugier
et le seigneur de Caumont et le seigneur
de Patras, noble Michel de Bouzet seigneur
de Marin et conseigneur de Rocquépine;
noble Arnaud de Monlezun sieur du Pouy
un tiers de cheval léger. . . . . I tiers de cheval léger.

Extraicte et vidimée a esté la présente coppie sur son vray original sans y avoir augmenté ny diminué par moy greffier soubsigné, à Agen le vingt cinquiesme may mil cinq cent cinquante sept.

(Signé) LAVILLE greffier.

Collationné par moy, conseiller secrétaire du Roy, audiancier en la chancellerie près la cour des Aydes de Guyenne sur son original.

De MONGAUSY.

(En marge est écrit) Veu par nous

P. du PUY, commissaire.

(*Expédition authentique faisant partie des archives de M. Armand de Sevin, à Agen.* — J'ai copié textuellement cette expédition.

J. DE BOURROUSSE DE LAFFORE.)

Ce Rôle des Nobles qui doivent, proportionnellement à l'importance de leurs fiefs, le service militaire aux ban et arrière-ban de la sénéchaussée d'Agenais et de Gascogne en 1557, ne comprend pas les nobles de tout le territoire formant aujourd'hui le département de Lot-et-Garonne. Ainsi, la vicomté ou le bailliage d'apppel de Bruilhois n'y figure pas, bien qu'il fût une langue de terre située sur la rive gauche de la Garonne, parallèlement à ce fleuve, de Donzac à Montesquieu. Aucun des seigneurs ou coseigneurs, des vingt-quatre communes ou vingt-huit juridictions composant l'ancien Bruilhois n'y est nommé. Cela s'explique par une raison bien simple, c'est que les sénéchaussées d'Agenais et de Gascogne (ou Condomois) relevaient du parlement de Bordeaux; tandis que le bailliage de Bruilhois relevait du parlement de Toulouse. Le Juge Mage d'Agenais et du Condomois ne pouvait donc convoquer les seigneurs du Bruilhois qui n'étaient pas de son ressort.

V. — HENRI, BARON DE LUSIGNAN,

GOUVERNEUR DE LA VILLE D'AGEN, ETC.,

MARIAGE

DE CE LUSIGNAN D'AGENAIS AVEC UNE LUSIGNAN DU POITOU.

Jean, baron de Lusignan, que nous venons de voir lieutenant de robe courte du sénéchal d'Agenais et Gascogne en 1557, avait trois enfants de son mariage avec Adrienne de Constantin :

1o Henri, qui suit;

2° Dame Adrienne de Lusignan, mariée par contrat du 5 juin 1554 avec messire Gaston de Burie (peut-être de Bure ou de Bures). M. Tamizey de Larroque m'a fourni cette note prise par lui aux archives du château de Saintrailles ; mais il n'est pas sûr d'avoir bien lu la fin du nom du futur époux dans le contrat;

3° Diane de Lusignan, mariée le 19 octobre 1568, à messire Bertrand de Galard, seigneur de Terraube, fils de Gilles I de Galard, seigneur de Terraube, et de noble dame Gaillarde de Rigaud de Vaudreuil, mariés en 1510.

Henri, baron de Lusignan, fut capitaine de 50 hommes d'armes des ordonnances du roi, gouverneur de la ville d'Agen pour le roi de Navarre, puis capitaine et commandant du château de Puymirol. Il avait épousé, le 1er décembre 1565, Isabeau d'Ysalguier, proche parent de noble Antoinette de Ysalguier, fille de noble François de Ysalguier, en son vivant baron, chevalier et seigneur de Clermont, et de noble dame Miramonde de Montaut, dame de Clermont au diocèse de Toulouse. Cette Antoinette de Ysalguier s'était mariée le 20 octobre 1526 au lieu de Saint-Puy, diocèse d'Auch et comté de Gaure, avec noble Blaise de Massencome de Monluc (le futur maréchal de

France et auteur des *Commentaires*), fils aîné de noble François de Massencome, seigneur de Monluc, et de Françoise de Montagu de Mondenard, dame d'Estillac.

Bien que proches parents par les femmes, Henri de Lusignan tint le parti de la religion réformée, Blaise de Monluc le parti catholique.

M. Tamisey de Larroque a copié, aux archives du château de Saintrailles, et publié dans le tome VIII des *Archives historiques du département de la Gironde*, p. 343 à 345, l'acte de vente ou de remboursement suivant, consenti le 3 février 1578 par Henri de Bourbon, roi de Navarre (le futur Henri IV) en faveur d'Henri, seigneur de Lusignan :

« Comme très hault et très excellent prince Henry, par la grace de Dieu, roy de Navarre, seigneur souverain de Béarn, duc d'Albret, comte d'Armaignac et visconte de Brulhois, etc., eust fait vente et cession à noble Guillaume de Ranse, sieur de Plaisance et de la Perche, du droit de péage d'eaue que ledit sieur Roy a acoustumé prendre, recevoir et faire lever au lieu de Monheurt, sur toutes denrées et marchandises qui montent et descendent la rivière de Garonne, moyennant la somme de sept mil livres tournoises qui sont de présent deux mil troys cent trente troys escus et tiers d'escu sol, à raison de soixante solz l'escu, suyvant l'édict du Roy; à la reservation de troyz ans de rachapt, comme de tout ce resulte et appert par le contract de ladicte vente du doutziesme du moys de decembre mil cinq cens soixante dix sept, rettenu par Marc Tourtonde, notaire royal d'Agen.

« Voullant ledict sieur roy de Navarre réunyr ledict péaige a son domaine, auroict faict procuration à messire Henry de Lesignan, sieur dudict lieu, pour en fere le recouvrement et rechapt (rachat); touteffoyz l'auroict requiz fournir ladicte somme de deux mil troyz cens trente-troyz escus et ung tiers, et promesse de luy rembourser; à quoy ledict sieur de Lesignan auroict obéy et satisfaict.

« Despuys, icelluy sieur de Lesignan demandant remboursement desdicts deux mil troys cens trente-troys escuz et tiers d'escu, que aussy d'aultre somme de huict vingtz-six escuz sol et deux tiers, en laquelle le Roy luy est redebable pour la vente d'ung chebal; icelluy Roy luy auroict offert pour toutes lesdictes sommes son peaige d'eaue de Brulhois, soubz le rechapt de troyz ans, ce que ledict sieur de Lesignan auroict accepté.

« Est-il que aujourd'huy IIIe de febvrier mil cinq cens soixante dix huict (v. st. 1579), dans la ville de Lectoure, regnant Henry, par la grace de Dieu, roy de France, par devant moy notere royal soubzsigné, presens les tesmoings bas nommez, a esté personnellement constitué ledict sieur roy de Navarre, lequel de son bon gré et liberalle voulunté, en payement tant de ladicte somme de deux mil troyz cens trente-troyz escuz et tiers d'escu, par ledict sieur de Lesignan fournie, bailhée au rechapt dudict peaige de Monheurt, que pour les huictz vingt-six escuz et deux tiers d'escu de la vente dudict chebal, montant en somme universelle de deux mil cinq cens escuz sol, a bailhé et vendeu comme par ces presentes bailhe, cedde et transporte à icelluy sieur de Lesignan present....... assavoir le peaige d'eaue que ledict sieur Roy a acoustumé prendre, recevoir et faire lever par les receveurs et fermiers au lieu du chasteau du Ha, en Brulhois, sur toutes denrées et marchandises qu'on monte et descend par ladicte rivière de Garonne, pour ledict droict de peaige et tout ce qui deppend tenir, posséder, en jouir et user par ledict sieur de Lesignan, ses hoirs et successeurs, sans rien réserver, tout ainsin et de mesmes que ledict sieur Roy de Navarre le tient et possede de present, et que luy et ses predecesseurs lont tenu et jouy jusques a present.. .... lesquels droictz, sadicte Majesté a voulu et consenty, permet, veult et consant que ledict sieur de Lesignan puisse lever ou faire lever audict lieu du chasteau du Ha, ou en tel autre lieu que bon luy semblera pour sa commodité.........

« Et ainsin l'ont juré, en presence de messieurs maistres Loyz du Faur, chancellier dudict Roy de Navarre, et Jehan Chamin, sieur des Aquez, soubz signés à l'original des présentes, comme aussy ledict sieur Roy Henry, Du Faur, chancellier tesmoing, Chamin présent; ainsin signés et moy Guillaume Macary, notere royal, du nombre des reduictz et ordonnez dans la ditte ville de Lectoure.......

« DE MACARY, notere royal. »

Cet acte est daté du 3 février 1578, d'après l'*Ancien calendrier* alors en usage et faisant commencer l'année au 25 mars; mais il est en réalité du 3 février 1579, d'après le *Nouveau calendrier* ou *Calen-*

drier grégorien, ainsi nommé à cause de la réformation qui en fut faite à partir de l'année 1582 par le pape Grégoire III, et d'après lequel l'année commence le 1er janvier. Cet acte de vente ou de remboursement est signé à Lectoure par le jeune-roi de Navarre, retiré dans cette ville avec sa cour, après avoir mécontenté les habitants de la ville d'Agen par ses mœurs plus que légères. Un de nos historiens, Boudon de Saint-Amans, raconte, en effet, comment Mlle de Cambefort, un soir de bal, sauta par la croisée du premier étage et se cassa la jambe pour échapper au prince, et la mort volontaire de la fille d'un médecin qui avait été moins cruelle pour le roi de Navarre.

« La seconde aventure, ajoute M. de Saint-Amans, finit d'aliéner au roi de Navarre l'attachement de nos pères, si rigides partisans des bonnes mœurs........ S'apercevant alors du mauvais effet produit par sa conduite, après avoir confié à Lusignan le commandement d'Agen, il prit le parti de se retirer à Lectoure avec la jeune cour, puis à Nérac....... » *(T. I, p. 397 à 399.)*

Ainsi, Henri de Lusignan fut, en 1578, commandant ou gouverneur de la ville d'Agen pour Henri de Bourbon, roi de Navarre. Il l'était aussi en 1579, comme nous allons le voir, lors du duel de Turenne et de Duras.

Jacques de Durfort, seigneur de Rauzan, capitaine d'une compagnie d'hommes d'armes, né en 1547, frère puîné de Jean de Durfort, vicomte de Duras, est nommé gouverneur de Casteljaloux et succède à M. de Savignan. Il a des raisons d'appréhender que Savignan ne cherche à rentrer dans la place ; il donne l'ordre à Garenne, sergent-major, de ne laisser entrer dans la ville confiée à sa garde aucune personne de distinction. Quelques jours après, Henri de La Tour, vicomte de Turenne, se présente devant Casteljaloux, et, comme lieutenant du roi de Navarre au gouvernement de Guienne, fait demander qu'on lui ouvre les portes. Garenne s'en excuse sur les ordres qu'il a reçus. Le vicomte, piqué, rencontre M. de Rauzan peu de temps après aux environs d'Agen et le somme de lui rendre raison. L'affaire n'ayant pu se terminer alors, traîne environ trois ans, jusques en 1579. Jean de Durfort, vicomte de Duras, frère aîné de Rauzan, arrivé de Rome, où il a été envoyé par le roi de France, vient faire sa cour à la Reine-Mère Catherine de Médicis dans la ville d'Agen. Son frère, M. de Rauzan, se rend bientôt dans la même ville et fait appeler en duel le vicomte de Turenne. Celui-ci choisit pour son second Jean de Gontaut, baron de Salignac, qui fut chambellan du roi de Navarre, membre de son conseil, gouverneur du comté de Périgord et de la vicomté de Limoges.

On convient de se rencontrer *au bout du Gravier, ainsi appelait-on la place qui est entre la ville et la rivière de Garonne, du côté qui va à Lafox.* Turenne et Salignac, à cheval, ayant des éperons sur leurs bas de soye et suivis d'un petit laquais, sortent par la porte du Pin et se rendent au lieu désigné. Les deux frères Durfort-Duras et Durfort-Rauzan arrivent ensuite à cheval et veulent mettre pied à terre. Turenne leur dit : « Allons plus loin ; voilà des gens qui courent après nous, qui nous sépareraient. Nous galoppons environ deux cents pas, bouillant d'en venir aux mains, et craignant que de la ville on ne courût et fussions empêchés. »

Turenne se bat contre Rauzan, et Salignac contre Duras.

Turenne raconte à son avantage les péripéties du combat, et il ajoute :

« Il arrive quelques gens de la ville, même le gouverneur, le sieur de Lusignan, qui me ramène. Etant pansé, mes coups se reconnaissent sans danger. Le roi de Navarre vint, le lendemain, sur le Gravier, pour me quérir, où la reine l'alla trouver. Il témoigna un très vif ressentiment de la supercherie qu'on m'avait faite. Je m'en allai à Nérac, où je fus tôt guéri. » (*Mémoires de Bouillon.*)

M. Samazeuilh, après avoir cité dans l'*Histoire de l'Agenais*, etc., t. II, p. 237 à 240, les pages des *Mémoires de Bouillon*, relatives à cette affaire, oppose aux accusations graves de Turenne les réflexions de M. de Brantôme :

« Il convient, dit-il, d'ajouter ici que Brantôme, *t. X de ses Mémoires* touchant les duels, p. 114, *paraît douter* que celui de Turenne se soit passé de la manière dont ce dernier le raconte, *vu la réputation d'honneur et de valeur où étaient les deux frères Duras.* »

Encore un mot sur ce duel si diversement jugé.

Je ne me borne pas, avec l'abbé de Brantôme et Samazeuilh, à exprimer des doutes sur l'exactitude du récit, « *vu la réputation d'honneur et de valeur où étaient les deux frères Duras.* » J'ose dire avec certitude que, dans cette longue période d'exaltation politique et religieuse, l'auteur des *Mémoires de Bouillon* n'a pas été un historien exact et impartial en plaidant sa propre cause contre un ennemi politique et religieux. En voici des preuves morales, auxquelles on ne peut rien répondre.

Je demande au lecteur la permission d'employer pour l'argumentation, la vieille forme scolastique, bien qu'entièrement démodée.

De deux choses l'une : ou Jacques de Durfort, seigneur de Rauzan, avait une cotte de maille sous ses vêtements, et alors il était un assassin, tout au moins un lâche et un malhonnête homme digne de mépris ; ou bien il n'en avait pas, et alors il n'a pas cessé de mériter sa réputation d'honneur et de valeur. Il ne faut pas se le dissimuler, sous le règne des Valois et le commencement de celui des Bourbons, *l'honneur et le courage étaient presque tout* pour des hommes comme les vicomtes de Turenne et les seigneurs de Duras. Celui qui aurait manqué de courage et de loyauté dans un combat singulier eût été pour toujours perdu aux yeux de la cour et de la ville, de ses princes, de ses pairs et de ses inférieurs. C'est-il cela qui s'est produit pour M. de Rauzan ?

Examinons très succinctement.

Le même Jacques de Durfort, baron de Rauzan et de Blanquefort, seigneur de Pujols, capitaine de 50 lances des ordonnances du roi, hérite de son frère aîné Jean de Durfort, vicomte de Duras, tué en février 1587. Il épouse, en 1603, Marguerite de Montgommery, dame de Lorges, fille de Jacques, comte de Montgommery. Il est créé marquis de Duras par le roi Henri IV, au mois de février 1609, et conseiller d'Etat le 12 mars suivant. Il est créé comte de Rauzan par le roi Louis XIII, le 25 octobre 1625. Je le demande, le roi de Navarre, qui se connaissait en bravoure, et qui avait vu de ses yeux, en 1579, sur le Gravier d'Agen, le lendemain du duel, les plaies saignantes de son ami politique et religieux le vicomte de Turenne ; ce prince, dis-je, devenu roi de France, aurait-il créé marquis de Duras et conseiller d'Etat un homme qu'il aurait vu assassin ou lâche et déloyal dans un combat singulier, ou qui aurait été jugé tel par les grands seigneurs de sa cour? Évidemment non. Rauzan, devenu marquis de Duras, avait donc conservé *sa réputation d'honneur et de valeur*, comme l'a dit Brantôme en historien désintéressé.

Je veux aller plus loin, tout en restant dans la vérité. Henri de La Tour d'Auvergne, vicomte de Turenne, né en 1555, l'ami du roi de Navarre et l'adversaire, en 1579, de M. de Rauzan, est créé maréchal de France par Henri IV en 1592. Devenu duc de Bouillon, prince de Sédan, par son premier mariage avec Charlotte de La Marck, héritière de ce duché en 1591, il épouse en secondes noces une fille de Guillaume de Nassau, prince d'Orange, dont il a le second duc de Bouillon, et le maréchal vicomte de Turenne, célèbre entre tous, et une fille Elizabeth. Eh bien ! ce Turenne, duc de Bouillon, et ce Rauzan, marquis de Duras, qui se sont battus en duel sur le Gravier d'Agen en 1579, ont l'un pour l'autre une estime réciproque, et le 17 septembre 1619, marient ensemble leurs enfants, Guy Aldonce de Durfort, fils aîné de Jacques, marquis de Duras, comte de Rauzan, etc., et de Marguerite de Montgommery, avec Elizabeth de La Tour d'Auvergne et de Bouillon, fille du maréchal duc de Bouillon et d'Elisabeth de Nassau et sœur du célèbre maréchal de Turenne. Ce mariage, témoignage public d'estime réciproque, conclu par le maréchal duc de Bouillon quatre ans avant sa mort, et par le marquis de Duras, comte de Rauzan, huit ans avant de mourir, fait tomber et réduit à néant les accusations contenues dans les Mémoires de Bouillon.

Il résulte du récit de M. de Saint-Amans que ce duel de 1579 aurait eu lieu sur l'emplacement de la *promenade actuelle du Gravier*. Cela me paraît une erreur absolue. Le dépôt de cailloux et de sable ou Gravier s'étendait sur la rive droite de la Garonne, beaucoup en amont de la ville d'Agen ; il n'a été conservé que dans l'espace nécessaire pour les besoins ou l'agrément de la ville ; tout le reste est en culture, chemin public ou bordages du fleuve. Les adversaires, qui veulent avant tout être seuls et n'être séparés par personne, n'auraient pas choisi pour lieu de rencontre et de combat la promenade actuelle du Gravier, qui est absolument sous l'œil et à portée de la main des habitants de la ville. Aussi Turenne et Salignac partent-ils de bonne heure, à cheval, avec des éperons, sortent par la porte du Pin et se rendent au lieu désigné, où ils attendent *près de deux heures*. Les deux frères Duras arrivent aussi à cheval, veulent mettre pied à terre, et, sur l'observation de Turenne, tous les quatre galoppent environ deux cents pas. Où était le rendez-vous? Turenne le désigne *au bout du Gravier, ainsi appelait-on la place qui est entre la ville et la rivière de Garonne, du côté qui va à Lafox*. Il me paraît probable que le lieu du combat était près de la rivière, entre le pont de pierre ou l'hôpital actuel et le village de Boé (entre la ville et la rivière de Garonne, *du côté qui va à Lafox*).

Je reviens au baron de Lusignan, que nous avons vu ramenant du Gravier son ami politique et religieux, le vicomte de Turenne, le plus maltraité de ce combat.

Le 1er juillet 1580, Henri de Bourbon, roi de Navarre, venant de l'Armagnac, Vic-Fezensac, Beaumont de Lomagne, Nérac, Casteljaloux et du Mas d'Agenais, était à Tonneins avec ses troupes. M. de Meslon, commandant à Montségur, avait reçu de lui ordre de se trouver à Sainte-Bazeille avec le plus de gens de pied et de cheval qu'il pourrait rassembler pour le jour indiqué par M. de Fabas. L'armée protestante échouant presque partout, notamment devant Blaye, voulait observer, harceler ou attaquer l'armée catholique du maréchal de Biron, abritée par les murs de Marmande. Du voisinage des deux armées, l'une à Tonneins et Sainte-Bazeille, l'autre à Marmande, résultait divers combats entre les coureurs des deux partis.

« Un jour, Henri (roi de Navarre) fit avancer le baron de Lusignan avec 25 gentilshommes des mieux montés, parmi lesquels on peut citer Rosny (Maximilien de Béthune, marquis de Rosny, le futur duc de Sully), jusqu'aux portes de Marmande, comme pour défier les catholiques, ce qui se faisait souvent de part et d'autre ; puis il fit mettre ventre à terre, sur le bord d'un ruisseau, en arrière de ce premier corps, à cent arquebusiers, avec ordre de ne se montrer que lorsque les ennemis se trouveraient engagés de manière à ne pouvoir reculer. Quant au roi de Navarre lui-même, il se tint à portée des arquebusiers, dans un bois voisin, avec ses gardes et 300 chevaux.

« Lusignan *s'en alla résolûment donner des coups d'épée jusques dans les portes de Marmande*, et il ne tourna bride que lorsqu'il eût attiré sur lui un gros de cavaliers, qui le ramena vers les arquebusiers.

« Tout allait donc au mieux. Mais il y avait parmi les religionnaires un capitaine nommé Quasy, qui, se voyant défier personnellement par un ennemi, ne fut pas assez maître de lui pour mépriser cette provocation. Il se retourne aussitôt sur le provocateur et le tue. Mais il perd son cheval ; les catholiques l'entourent ; les siens veulent le dégager. De là une assez vive mêlée ; et pendant ce combat, Pierre de Malras, baron d'Yolet, qui s'était avancé sur la route afin d'avoir des nouvelles, dépêche au roi de Navarre un valet pour lui annoncer que tout est perdu, Lusignan mort et les arquebusiers passés au fil de l'épée........ qu'enfin toute l'armée de Biron marche sur lui. Henri, au lieu de reculer, voulait fondre sur l'ennemi pour venger Lusignan ou périr glorieusement comme lui. Mais Laporte, *vieil et ferme soldat*, fut seul de l'avis du prince, que les autres entraînèrent, et l'on ne laissa que vingt chevaux sous les ordres de ce même Laporte pour recueillir les débris de la troupe de Lusignan.

« Sur ces entrefaites, les catholiques s'étaient aperçus des arquebusiers qui sortaient de leur embuscade, et ils s'étaient hâtés de reprendre le chemin de Marmande. Que l'on juge donc de la colère du roi de Navarre, lorsqu'il lui fallut subir les justes reproches de Lusignan, revenu sain et sauf, mais se plaignant avec raison qu'on l'avait abandonné et comme sacrifié. « Yolet, appelé pour recevoir « réprimande, s'excusa sur le soin de la personne royale, et que de « son temps, les rois se gardant pour la fin, laissaient aller aux embuscades les fols et les chevau-légers. » (*D'Aubigné.*) (*Histoire de l'Agenais, du Condomois et du Bazadais, par J.-F. Samazeuilh, t. II, p. 243 à 245.*)

On le voit, Henri de Lusignan était l'un des chefs les plus braves et les plus dévoués du parti protestant.

Henri IV, devenu roi de France, confirme, le 30 septembre 1590, Henri de Lusignan comme « capitaine de 50 hommes d'armes des ordonnances du roy, dans la charge et capitainerie du château de Puymirol. »

Le 25 juillet 1594 est la date d'un double mariage entre les Lusignans d'Agenais et les Lusignans du Poitou. Henri, baron de Lusignan, avait de son premier mariage avec Isabeau de Ysalguier un fils nommé François, qui fut plus tard le dernier baron, puis le premier marquis de Lusignan d'Agenais.

D'un autre côté, une demoiselle de Lusignan de Saint-Gelais

(nommée Magdeleine par Sainte-Marthe en la généalogie de Nuchèze et Jeanne par du Chesne, en l'histoire des Chastaigners), était veuve de Louis de Nuchèze, seigneur de Baptresse, chevalier de l'ordre du roi, capitaine d'une compagnie de gendarmes en 1568, gouverneur de Cognac en 1575, et avait de cette alliance une fille unique nommée Marguerite de Nuchèze.

On fait le même jour un double mariage ; Henri, baron de Lusignan, d'Agenais, épouse Magdeleine de Lusignan de Saint-Gelais, du Poitou, l'aînée des trois filles de François de Lusignan de Saint-Gelais, seigneur de Saint-Séverin, et de Charlotte de Champagne ; et François de Lusignan, né du premier lit du même Henri, épouse Marguerite de Nuchèze, née du premier lit de ladite Magdeleine de Lusignan de Saint-Gelais.

Nous verrons plus loin que la branche de Lusignan de Saint Gelais, issue de l'un des fils de Hugues VII dit *le Brun*, sire de Lusignan, qui accompagnait, en 1147, Louis VII, roi de France à la 2ᵉ croisade, et la reine Eléonore, duchesse d'Aquitaine, sa parente), a produit en Poitou au moins sept rameaux, et qu'à l'époque où l'un d'eux s'alliait avec un Lusignan d'Agenais, un autre rameau de Lusignan de Saint-Gelais, possédait en Agenais le château de Puycalvary, depuis le mariage de Guy de Lusignan de Saint-Gelais, seigneur de Lansac, avec Antoinette de Raffin, fille et héritière de François Pothon de Raffin, sénéchal d'Agenais et Gascogne.

Il existe aux archives de l'Hôtel-de-Ville d'Agen, registre BB. 36, une pièce relative à la prise du Port-Sainte-Marie, par MM. de Turenne et de Lusignan du parti de la Religion prétendue Réformée, année 1587. (*Note de M. Georges Tholin.*)

Le 11 novembre 1597, Henri, baron de Lusignan, reçoit pour devoirs de justice et devoir de moudre aux *moulines* dudit Seigneur, une reconnaissance féodale passée devant Fabre, notaire d'Agen, et rappelée dans un acte analogue retenu le 30 novembre 1629, par Cornier, notaire. Le même Henri ne vivait plus en 1601.

VI. — FRANÇOIS I, DERNIER BARON, PUIS 1ᵉʳ MARQUIS DE LUSIGNAN

(1600 à 1639),

SES GUERRES, SES SUCCÈS ET SES REVERS.

Henri, baron de Lusignan, laisse d'Isabeau de Ysalguier de Clermont, sa première femme :

1° François, l'un des personnages les plus considérables de son nom et de l'Agenais, comme on va le voir;

2° Armoise de Lusignan, mariée le 18 juin 1596 à Messire Jacques de Viguier;

3° Marie de Lusignan, femme, par acte du 27 décembre 1603, de noble Odet de Verduzan, baron dudit lieu, fils de noble Blaise de Verduzan, et de damoiselle Eliz de Montlézun.

François de Lusignan, que j'appellerai 1er du nom pour le distinguer de son fils aîné François II, et de son petit-fils François III, successivement seigneurs et marquis de Lusignan, succède à son père Henri comme baron de Lusignan, et gouverneur de Puymirol, est créé marquis de Lusignan, capitaine de 50 hommes d'armes des ordonnances du roi, chevalier de son ordre, conseiller aux Conseils d'Etat et privé. Il avait épousé, le 25 juillet 1594, ainsi que nous l'avons vu, Marguerite de Nuchèze, fille de Louis de Nuchèze, seigneur de Baptresse, chevalier de l'ordre du roi, capitaine d'une compagnie de gendarmes, gouverneur de Cognac, et de Magdeleine de Lusignan de Saint-Gelais, le jour même où cette dernière et Henri de Lusignan, l'un et l'autre veufs, s'étaient mariés en secondes noces.

Le même François Ier de Lusignan, capitaine de 50 hommes d'armes fait une donation à Pierre Coudert ou Couderc, capitaine de la ville de Puymirol. (*Archives de la préfecture d'Agen, registre B. 31, années 1600-1601. Note de M. Tholin.*)

En 1602, le maréchal Charles de Gontaut Biron est décapité pour cause de trahison. Les amis du duc de Bouillon, compromis dans cette affaire, essayent de soulever quelques provinces. Des seigneurs de l'Agenais, tels que Jacques de Vezins, Charri, le seigneur de Lusignan, Jean Charles de La Capelle Biron entrent dans ce complot. Ce dernier, avec le seigneur de Pompadour, doit lever 4,000 hommes de pied, 500 chevaux et 4 pièces de canon, pour s'emparer de Villeneuve d'Agenais, pendant que les autres opéreront de leur côté. Cette conspiration est découverte, et plusieurs des chefs qui en font partie sont décapités. Lusignan n'est pas du nombre de ces derniers.

Il consent une donation en faveur des habitants de Galapian faisant profession de la Religion prétendue réformée. (*Mêmes archives de la préfecture, registre B. 39, années 1610-1612. — Note de M. Georges Tholin.*)

François de Lusignan, ai-je dit plus haut, avait succédé à son père Henri comme gouverneur de la ville de Puymirol (qui tenait à son titre de 7me ville de l'Agenais). Il faisait des impositions et levées pour l'entretien de la garnison de la place, et satisfaisait le roi Louis XIII. On en trouve la preuve dans le brevet suivant :

« Aujourd'huy xviie de janvier mil six cens seize, le Roy estant à Poitiers, sur ce que le sieur de Luzignan, gouverneur de la ville de Puymirol, luy a faict entendre que, suivant le commandement exprès que sa Majesté luy auroict faict de mettre dans la dicte ville quelques soldats pour la seureté et conservation d'icelle, en son obéissance durant ces mouvemenz, outre ceux qui y sont d'ordinaire en garnison ; et cependant adviser aux moyenz de les entretenir et fere vivre jusques à ce que sa dicte Majesté y aist pourveu, il auroit pour satisfaire a son dict commandement, faict entrer dans la dicte place le nombre de cinquate ou soixante hommes, et faict pour l'entretenement d'iceux quelques légères impositions et levées sur les subjectz de sa Majesté de l'estendue de son dict gouvernement, et mesmes sur ceux d'aucunes terres à luy apartenant en propre, dont, craignant qu'on le voulsist rechercher et inquiéter à l'advenir pour n'en avoir eu aucun pouvoir de sa Majesté que son dict commandement, il l'auroit très humblement suplié luy vouloir sur ce pourveoir.

« Sa dicte Majesté se ressouvenant du dict commandement par elle, comme dict est, faict au dict sieur de Luzignan pour augmenter et fortiffier sa dicte garnison pendant ces dictz mouvementz, et bien informée aussi du soing et bon debvoir qu'il a rendu en ceste occasion pour le bien de son service et la seureté de la dicte ville de Puymirol, a ordonné que touttes lettres de descharge nécessaires pour le faict desdictes impositions et levées pour l'entretenement desdictz soldatz jusques enfin de l'année dernière, luy seront expediées et cependant pour tesmoignage de sa volonté, a commandé le present brevet luy en estre depesché, lequel elle a voulu signer de sa main et faict contresigner par moy conseiller en son Conseil d'Fstat et secretaire de ses commandemenz.

« LOUIS.

« PHÉLYPEAUX. »

(*Archives du château de Xaintrailles, où M. Th. Tamizey de Larroque a copié ce brevet*).

Le roi Louis XIII voulant récompenser les services importants rendus aux rois ses prédécesseurs par les seigneurs barons de Lusignan, érige la terre et baronnie de Lusignan, située en Agenais, en titre, nom et dignité de marquisat, par ses lettres patentes du mois d'août 1618, vérifiées au parlement de Bordeaux le 2 juillet 1619.

En 1621, le roi Louis XIII marche à la tête d'une armée contre les rebelles de l'Agenais, reçoit la soumission de plusieurs villes et va faire le siège de la ville de Clairac, qui se rend après avoir été assiégée onze ou douze jours, avoir perdu 800 hommes, et avoir été taxée à payer 150,000 livres pour racheter ses biens. Le 12 du mois d'août 1621, le roi part d'Agen avec son armée et 28 pièces de canon pour aller assiéger Mautanban. Charles de Lorraine, duc de Mayenne, y est tué le 16, 18 ou 20 septembre.

Le siège de Montauban est levé vers la fin du mois d'octobre. L'insuccès de l'armée royale ranime l'espérance et le courage des réformés. La plupart des villes dévouées à leur parti, et qui viennent de se soumettre au roi, se soulèvent de nouveau, Sainte-Foi la grande sur Dordogne, Monheurt sur la rive gauche de la Garonne. Cette dernière, assiégée par l'armée royale, finit par implorer la clémence du monarque. La vie est accordée à tous ceux qui sont dans la ville. Les gentilshommes sortent avec leur épée, les soldats avec un bâton blanc à la main, les habitants *en chemise et tête nue*. Après avoir mis l'honneur des femmes à couvert, dit M. de Saint-Amans, Monheurt est livré au pillage, puis brûlé.

Plus irrités qu'effrayés de la prise de Monheurt, les réformés de la province n'attendent que le départ du roi pour recommencer les hostilités. Les marquis de La Force et de Théobon, et les autres chefs du parti se répandent en Agenais. Castelnau, l'un des fils du marquis de La Force s'empare de Monflanquin, le marquis de Lusignan noue des intelligences avec les habitants de Clairac. Ces derniers percent le mur d'une maison voisine du fossé, et le font entrer de nuit par cette ouverture. Les troupes de Lusignan se répandent alors dans toutes les rues de la ville, et taillent en pièces plus de deux cents hommes de la garnison. M. du Duc, conseiller au parlement de Bordeaux, arrivé le soir même pour faire démolir les fortifications de la place, est blessé et fait prisonnier.

Plus tard, ce même conseiller, rendu à la liberté, est chargé par le roi Louis XIII de traiter avec le marquis de Lusignan de la reddition de la ville de Clairac. M. Tamizey de Larroque a communiqué ces lettres datées du 11 mai 1622 et dont la teneur suit :

« Le Roy ayant esté adverty de divers endroictz et mesmes par le sieur du Duc, conseiller en sa cour de parlement de Bordeaux, cy devant retenu prisonnier de guerre, pour sa s   à Clérac que le sieur de Lusignan qui s'est cy devant emparé de la dicte place, est en disposition d'en traicter pour la remettre soubz son obéissance, sa Majesté désirant entendre a ceste proposition a commandé au dict sieur du Duc de s'en retourner vers le dict Clérac pour traicter avec le dict Lusignan de la reduction de la dicte place, aux conditions ci-après déclarées.

« Que le dict sieur de Lusignan sestant remiz avec la ville de Clérac en l'obéissance de sa Majesté, elle lui accorde abollition generalle, tant pour son particulier que pour les habitanz, des crimes et fautes par eux commises contre son auctorité.

« Entend que ceux de la Religion prétendue réformée seront conservés et maintenus en la dicte ville de Clerac, suivant l'Edict de Nantes.

« Comme aussy sa Majesté descharge et tient quicte les habitans de la dicte ville de Clerac du paiement de la somme de cent cinquante mille livres à laquelle ils s'estoient obligez lorsque sa Majesté reduisit la dicte place soubz son obéissance.

« Accorde en particulier au dict sieur de Lusignan, pour luy tesmoigner la confiance qu'elle prend en sa fidélité, le gouvernement de la dicte ville de Clerac et de le faire payer de la somme de cinquante mille livres, de laquelle Sa Majesté luy a cy devant faict don pour le recompenser du gouvernement de Puymirol, dont il estoit pourveu ; comme aussi de le faire à l'advenir payer de sa portion et luy départir ses grands bienfaictz, et tant que par ses déportemens et services a s'en rendre digne.

« Lesquelles choses Sa Majesté donne pouvoir a dict sieur du Duc descrire de la part de Sa Majesté audict sieur de Lusignan promettant incontinent qu'il aura remis la dicte place en son obéissance, de le faire de bonne foy exactement effectuer.

« Faict à Xaintes, ce 11ᵉ jour de may 1622.

« LOUIS. »

(*Archives du château de Xaintrailles.*)

Quelques jours après, le roi part de Sainte-Foy la Grande sur Dordogne le 28 mai 1622, passe la plus grande partie de la journée à Monségur, et arrive le lendemain 29 à Marmande. Pendant son séjour à Monségur, il signe les lettres suivantes :

« Aujourd'huy xxviiie du mois de may mil six cens vingt-deux, le Roy estant à Monségur, ayant reçeu toute asseurance de la fidélité et affection à son service du sieur de Lusignan, et desirant le gratiffier et luy faire cognoistre la confiance qu'il prend en luy, Sa Majesté luy a accordé la charge et gouvernement de la ville de Clayrac, pour en jouir aux honneurs accoustumez et prérogatives qui y appartiennent, m'ayant commandé luy en expedier toutes Lettres et provisions nécessaires, et cependant le present brevet qu'elle a voulu signer de sa main et estre contresigné par moy son conseiller secrétaire d'Etat et de ses commandemenz.

« LOUIS.

« PHÉLIPEAUX. »

Le roi signe également à Monségur, le 28 mai 1622, les Lettres d'abolition et pardon en faveur du sieur de Lusignan et de tous autres qui l'ont suivi et assisté, le s\ufeffr de Roquepiquet, les capitaines Arbissan, La Mothe, Flairiny, Viau, Broc, Eyquem, Ballestat, Verduzan, Martin, La Clotte, Castaing du Breuilh, Cousseau, La Boulbène, Du Pouy, Corrèges, Dat, Angelier et autres, les consuls et habitants de la ville de Clayrac, le tout conformément aux pouvoirs qu'il avait donnés le 11 mai à M. du Duc, conseiller au parlement de Bordeaux. Ces Lettres sont contresignées : par le Roy Phélipeaux.

Les Lettres d'abolition et pardon sont enregistrées le 23 juin suivant par arrêt du parlement de Bordeaux. (*Ces diverses pièces ont été copiées par M. Tamizey de Larroque dans les Archives du château de Xaintrailles.*)

La cour de l'Election est établie dans la ville d'Agen le 20 décembre 1623, et la Chambre des Comptes de Nérac est réunie l'année suivante à la Chambre de la ville de Pau. Le même mois de décembre 1623 et janvier 1624 donnent un froid si rigoureux, que les chevaux et les voitures traversent la Garonne sur la glace. Les arbres et particulièrement les vignes périssent par suite de cela, près de 16,000 paysans, mêlés de quelques soldats oisifs, se soulèvent en Quercy sous le nom de *Croquans*, à l'occasion d'un surcroît d'impôts. Ces croquans sont combattus par Pons de Lauzières, marquis de Thémines, maréchal de France le 1ᵉʳ septembre 1616, ancêtre de M. de Thémines, contre lequel, sous le premier empire, une dame alors extrêmement jeune a plaidé en séparation, avant d'être la vicomtesse de Martignac.

Catholiques et protestants s'accusent mutuellement d'avoir violé la foi jurée et reprennent les armes. Une dixième guerre de religion s'allume. Le marquis de Lusignan, voyant le maréchal marquis de Thémines *faire le dégât* dans les environs de Castres et menacer même cette place, s'y porte pour la secourir avec 800 hommes de pied et de 60 maîtres. Il repousse trois fois les attaques de l'armée de Thémines, qui veut l'arrêter à la Crouzette, le 1ᵉʳ juillet 1625, et se jette dans Castres, où Mme de Rohan commande en l'absence de son mari.

On répond à cet exploit militaire par un coup terrible obtenu d'une cour de justice. Le marquis de Lusignan est condamné à mort par contumace par la Chambre de l'Edit de Guienne ; il est dégradé de noblesse ; il a pendant quinze jours son portrait pendu à une potence sur la place de la ville d'Agen ; ses maisons sont rasées, ses bois sont coupés au pied. Le duc d'Epernon, gouverneur de Guienne, fait exécuter cette sentence à son retour des environs de Montauban, où il vient aussi de *faire le dégat*, c'est-à-dire de brûler les maisons de campagne ou de plaisance des religionnaires, d'arracher leurs vignes et de détruire leurs forêts (*histoire de l'Agenais, du Condomois et du Bazadais, par J.-F. Samazeuilh, t. II, p. 390 et 394*).

On le voit, le 1ᵉʳ marquis de Lusignan a eu la vie très agitée, très accidentée. Il fait un codicile à son testament le 24 mars 1639 et meurt avant le 17 avril de la même année.

Il avait contracté deux mariages : le premier, le 25 juillet 1594, avec Marguerite de Nuchèze ; le second avec Anne de Constantin, inconnue de M. de Courcelles, comme Adrienne de Constantin, grand' mère dudit François Iᵉʳ de Lusignan. Il a eu de ces deux lits :

1° François II, qui suit ;

2° Guy de Lusignan, présent à l'acte du 17 septembre 1639, mort avant le 23 avril 1557 ;

3° Pierre de Lusignan, 5ᵐᵉ marquis, rapporté après son frère et ses neveux ;

4° Marie de Lusignan, mariée par contrat du 17 février 1622 avec Joseph de Laurière, baron de Moncaut, mestre de camp d'un régiment d'infanterie, fils de Blaise II de Laurière, baron de Moncaut, etc., chevalier de l'ordre du roi, capitaine de 50 hommes d'armes de ses ordonnances, conseiller en ses Conseils d'Etat et privé, et de Marie de Fabas.

Bertrand de Laurière, seigneur d'Andas près Saint-Maurin et le château de Ferrusac, et veuf d'Anne de Lomagne, devint le premier baron de Moncaut de sa race, en 1550, par son second mariage avec Antoinette de Montagu de Mondenard, baronne de Moncaut, de laquelle descend ledit Joseph son arrière-petit-fils. Bertrand a pour père et mère Jean, baron de Laurière, et Bertrande de Durfort, et pour grand-père François de Pompadour, baron de Laurière, second fils de Jean II, seigneur de Pompadour, et de Marguerite Chauveron, dame de Ris, baronne de Laurière, mariés le 23 juin 1453.

Le 15 octobre 1875, Madame Louise de Laurière, baronne de Moncaut, épouse de Joseph, marquis de Saint-Exupéry, et dernière descendante de Joseph de Laurière, seigneur baron de Moncaut, mestre de camp d'un régiment d'infanterie, et de Marie de Lusignan d'Agenais, marie sa fille Thérèse de Saint-Exupéry avec le comte Adhémar de Lusignan, de la branche des barons de Couhé en Poitou.

5° Olympe de Lusignan, mariée 1° avec Antoine de Bourrouillan, seigneur et baron du dit lieu ; 2°, en 1639, avec noble Antoine de Saunhac, seigneur de Lanzac ;

6° Magdeleine de Lusignan, mariée : en 1619 avec Jean du Lion, seigneur de Sireuilh ; ensuite avec François du Pouget, chevalier, baron de Nadaillac, nommé capitaine du château de Boussac le 14 octobre 1626 ; enfin, le 24 septembre 1640 avec M° François Peyrarède, avocat, fils de feu Pierre Peyrarède, en son vivant capitaine et gouverneur pour le roi du château de Bergerac, et de damoiselle Jeanne de La Plasse. La future épouse est dite fille légitime et naturelle de messire François (I) de Lusignan, seigneur marquis dudit lieu, Galapian, Monbalen et autres places, chevalier, conseiller du roi en ses Conseils, capitaine de cinquante hommes d'armes de ses ordonnances et de dame Anne de Constantin, veuve dudit seigneur de Lusignan. Le contrat est insinué le 21 mars 1641 à Agen et le 4 juin à Nérac. Cette Magdeleine de Lusignan, femme de François Peyrarède, est incontestablement la fille de François Ier et d'Anne de Constantin; mais est-elle la même que la Magdeleine mariée en 1619 avec Jean du Lion, puis avec François du Pouget? Je n'ai pu le vérifier. S'il y a eu deux Magdeleine, l'une tante, l'autre nièce, la femme de Jean du Lion, puis de François du Pouget, serait fille d'Henri, baron de Lusignan.

VII. — FRANÇOIS II, 2me MARQUIS DE LUSIGNAN,
17 AVRIL 1639 A 1654.

François II de Lusignan, 2me marquis de Lusignan, fait un accord le 13 septembre 1639 avec messire Guy de Lusignan, qualifié baron dudit lieu, et messire Pierre de Lusignan, seigneur baron de Galapian, ses frères, relativement à l'hérédité de messire François Ier, 1er marquis de Lusignan, leur père commun, mort entre le 24 mars et le 17 avril 1639. Cet accord est rappelé dans un acte du 23 avril 1657, cité plus loin.

François II avait, du vivant de son père, épousé, le 28 mai 1621, Jeanne d'Escodéca de Boisse. Devenu seigneur du fief principal de sa maison, il prend parti, à l'exemple du 1er marquis dans les guerres civiles, pour le parlement et la ville de Bordeaux contre le duc d'Epernon.

Un mot à cet égard.

Bernard de Nogaret de La Valette, réhabilité par le parlement de Paris et devenu 2me duc d'Epernon par la mort de J.-L de Nogaret, son père, reçoit, grâce à l'influence du cardinal Mazarin, le gouvernement de Guienne, dont il prend possession à Bordeaux le 14 janvier 1643. Il fait son entrée solennelle dans la ville d'Agen le 28 octobre suivant. Alors commence sa liaison avec Anne de Maurès d'Artigues (appelée par corruption Nanon de l'Artigue), et plus tard la comtesse de Montricoux en Quercy, fille de Guillaume de Maurès, seigneur d'Artigues, en la paroisse du même nom, alors de la commune d'Agen, avocat, maître des Requêtes de la reine Marguerite de Valois et de de Clémence du Gravier. (Voir *Note sur Mademoiselle de Maurès*, par M. Ph. Tamizey de Larroque dans le *Cabinet historique*, dont un extrait a été tiré à 60 exemplaires. — Voir aussi *Esmotion populaire en la ville d'Agen pour le faict de la Gabelle, en l'année 1635*, tirée de la *Chronique* inédite de Malebaysse et publiée par M. Adolphe Magen dans le *Recueil de Travaux de la Société d'Agriculture, Sciences et Arts d'Agen*, t. VII, 1re partie, 1854.) Pendant la grande disette de 1648, le 2me duc d'Epernon donne l'autorisation d'exporter du blé de la Guienne. Le parlement de Bordeaux s'y oppose et provoque un arrêt du Conseil qui défend cette exportation. *Indè iræ* où les resentiments profonds qui ont divisé le gouverneur et le parlement de Guienne, et fait répandre beaucoup de sang.

Les Bordelais s'emparent du château du Ha, situé dans l'intérieur de leur ville. De son côté, Du Haumont, commandant du château Trompette, situé sur le bord de la Garonne et sur l'emplacement actuel des Quinconces, tire sur des bateaux où des commissaires du parlement, qui passent sous ce château Trompette et ramènent des canons du faubourg des Chartrons en ville. Le duc d'Epernon se saisit du moulin du Ciron, du château de Langoiran, etc. Il prend le château de Vayres sur la Dordogne, propriété du président de Gourgues. Le marquis de Chambaret, général des Bordelais, bat les Epernonistes du côté de La Trène, mais il est tué, et ses troupes sont vaincues devant Libourne.

Après une trève obtenue par l'archevêque de Bordeaux, on reprend les armes au mois d'août 1649.

« Le marquis de Lusignan, qui remplaça le marquis de Chambaret, remporta divers avantages sur les Epernonistes à Tourne, à Por ets. Du Haumont ayant ouvert un feu meurtrier sur la ville, le marquis de Sauvebœuf, qui venait d'amener aux Bordelais 400 chevaux levés dans le Limousin, entreprit le siège du château Trompette sans se laisser détourner par le duc d'Epernon, qui, pour l'attirer hors de Bordeaux, continuait ses ravages dans les campagnes.

« Après la capitulation de du Haumont, il fallut songer à rendre libres les abords de la ville et à s'emparer des villes qui, se trouvant situées sur la Garonne, en amont de Bordeaux, auraient pu l'affamer.

« En conséquence, le marquis de Sauvebœuf s'étant mis en campagne, on prit la ville et le château de Podensac, les villes de Barsac et de Preignac, et, le 15 novembre 1649, l'armée bordelaise parut devant Langon........ (*Histoire de l'Agenais, du Condomois et du Bazadais*, par J.-F. Samazeuilh, t. II, p. 401 et 402.)

« .... Sauvebœuf aurait voulu marcher sur l'Agenais. Il savait les bonnes dispositions de cette contrée pour la cause que ce seigneur avait embrassée. Le duc s'était aliéné la ville d'Agen en y introduisant ses gardes qu'il logea chez les habitants à discrétion. Il y avait fait arrêter plusieurs personnes qui lui étaient suspectes, entre autres le baron de Moncaut (Joseph de Laurière, baron de Moncaut, beau-frère du 2ᵐᵉ marquis de Lusignan). De plus, il avait ordonné un désarmement général.

« Le marquis de Lusignan (François II) lui faisant la guerre dans le Bordelais, il s'était saisi de son château; il avait brûlé des moulins à nef que ce dernier possédait sur la Garonne. Puis vint le fils de Lusignan (François III) qui reprit, sur d'Epernon, le manoir de ses pères. . . . . (*Idem*, p. 404.)

M. Georges Tholin, archiviste du département de Lot-et-Garonne, m'a signalé aux Archives de la ville d'Agen, année 1649-1651, une pièce relative aux siège, prise et démolition du château de Lusignan. Registre BB. 59.

Le 19 mars 1651, François II, marquis de Lusignan, consent au mariage de François III, son fils aîné. L'année suivante, il reçit au château de Lusignan le prince de Condé le soir où ce prince avait essayé vainement de s'établir dans la ville d'Agen, et d'y faire résider son frère le prince de Conti et les troupes sous ses ordres.

On trouve dans les archives du château de Xaintrailles, à la date du 7 novembre 1652, l'acte de fondation de la chapellenie de Galapian (église de saint Christophe de Galapian en Agenais) par *haut et puissant seigneur messire François de Lusignan, marquis du dit lieu, baron de Galapian et Monbalen, lieutenant général des armées de Sa Majesté en sa province de Guienne*, « lequel, considérant les « grands biens et excessives graces que la bonté divine luy a desparties et despart incessamment. . . . . » (Cette note est encore de M. Ph. Tamizey de Larroque, correspondant de l'Institut, le plus érudit et l'un des plus obligeants de mes collègues de la *Société des Sciences, Lettres et Arts d'Agen*. J. DE BOURROUSSE DE LAFFORE)

François II de Lusignan fait son testament au mois de mai 1654 et avait eu de son mariage avec Jeanne d'Escodéca de Boisse :

1° François III, qui suit ;

2° Armand, IVme marquis rapporté après son frère ainé.

VIII. — FRANÇOIS III, 3me MARQUIS DE LUSIGNAN.

François III de Lusignan, 3me marquis dudit lieu, a été fort souvent confondu avec son père François II et avec son grand-père François Ier. Ce même prénom, porté par trois générations successives, qualifiées du même titre, a produit une confusion que je dissiperai facilement par l'analyse exacte de certains articles et conventions de mariage.

Je dis que les trois premiers marquis de Lusignan (grand-père, père et fils ainé) ont porté le prénom de François. D'un autre côté, nous avons vu que François Ier, le grand-père, a fait un codicile le 24 mars 1639, est mort avant le 17 avril suivant, et que ses trois fils, François II, Guy et Pierre de Lusignan font un accord relatif à l'hérédité de leur père commun, le 13 septembre de la même année 1639.

Il reste à distinguer François II de François III.

Les minutes de Me Cruzel, notaire d'Agen, conservées dans l'étude de Me Gaétan-Recours, notaire actuel, contiennent au folio 42 un acte du 19 mars 1651, acte qui est, par conséquent, écrit douze ans après la mort de François Ier. dont voici l'analyse fidèle :

Articles et conventions de mariage.

Entre messire François de Lusignan, marquis dudit lieu, *du consentement* de messire François de Lusignan, chevalier, conseiller du roi en son conseil, seigneur marquis de Lusignan, baron de Galapian, Monbalen et autres places, *son père* d'une part ;

Et damoiselle Anne de Montpezat, agissant du consentement de messire Charles de Montpezat, chevalier, conseiller du roi en ses conseils, seigneur comte de Laugnac, baron de Frégimont, Bajamont, La Fox, Thouars, Le Fréchou, Gimac, Esparsac et autres places, et de dame Sérène de Durfort de Bajamont, son épouse, père et mère de la future épouse d'autre.

Le futur époux est assisté de messire Pierre de Lusignan, seigneur de Galapian, et de Joseph de Laurière, seigneur baron de Moncaut, *ses oncles*.

La future épouse est assistée en outre de messire François de Montpezat, baron de Laugnac, capitaine au régiment des gardes du roi, et Antoine de Montpezat, enseigne audit régiment des gardes, ses frères ; messire François de Narbonne, seigneur de Birac ; Jean-Louis de Roquelaure, comte dudit lieu ; Louis (d'Esparbès) de Lussan, seigneur comte d'Aubeterre, maréchal des camps et armées du roi, qui ont signé.

Ces pactes de mariage sont faits et signés au domicile du seigneur comte de Laugnac, paroisse Saint-Etienne d'Agen, le 19 mars 1651, en présence de M. Me Antoine de Boissonnade, juge mage ; Jean Jacques de Nargassier, conseiller au présidial d'Agen ; noble Hermand de Sevin, écuyer, seigneur de Ganet ; M. Me Bernard de Faure, Géraud Daurée.

    Signés : F. DE LUSIGNAN.   A. DE MONPEZAT.

Laugnac, Laugnac Bajamont, F. de Monpezat, Lasserre Aubeterre, Moncaut, Galapian, Monpezat, J. de Roquelaure, de Monpezat, François de Narbonne Birac, Nargassier, de Faure, de Trascous.

    CRUZEL, *notaire royal*.

De cet acte authentique, encore existant à l'étude de Me Recours, il résulte d'une manière évidente que François de Lusignan, futur époux en 1651, est François III, puisqu'il agit du consentement de François II son père, et que nous savons que François Ier son grand-père est mort en 1639, douze ans avant ce mariage.

Nous pouvons en outre constater aux signatures que les plus grands seigneurs étaient loin de prendre toujours *en signant* les titres et les particules qu'ils réclamaient comme un droit dans le monde ou dans le corps d'un acte public.

Nous avons vu dans un passage de Samazeuilh, cité plus haut, que le duc d'Epernon, particulièrement irrité contre le marquis de Lusignan (François II), prit le château de ce nom, détruisit les moulins à nef, etc., et qu'en 1652 François III, fils du marquis, se remit en possession du manoir de ses pères.

A l'article de Pierre de Lusignan, 5ᵐᵉ marquis, nous verrons que François III mourut jeune et qu'il ne vivait plus le 23 avril 1657.

Le 15 octobre 1673, Anne de Montpezat fait son testament devant Cruzel, notaire d'Agen. Elle se dit veuve de messire François de Lusignan, seigneur marquis de Lusignan. Elle donne à messire Charles de Montpezat, son neveu, 5 sols ; à dame Angelique de Montpezat, sa sœur, femme de Jean-Jacques de Montesquiou de Saintrailles, 5 sols ; à messire Charles de Montpezat, son père, seigneur comte de Laugnac et autres places, 300 livres de pension annuelle ; à damoiselle Sérène de Sarrau, fille de noble Jean de Sarrau, 2,000 livres ; à messire Pierre de Lusignan, seigneur de Galapian, tout ce qui lui sera dû par M. de Guyonnet ; à Charles de Saintrailles, son neveu, fils de M. de Saintrailles et de ladite Anne Angelique de Montpezat, sa sœur, les biens advenus par le décès de Sérène de Durfort de Bajamont, sa mère. Elle institue pour son héritier universel messire Antoine de Montpezat, son frère, auquel elle substitue Charles de Montesquiou de Saintrailles, son neveu, et à celui-ci Angélique de Montpezat, sœur de la testatrice. Ce testament est signé A. de Monpezat ; Cruzel, notaire royal.

Le même acte est ouvert le 9 janvier 1677 devant Antoine de Boissonnade, conseiller du roi, président, juge mage de la sénéchaussée d'Agenais, en présence de Mᵉ Jean de Redon, procureur du roi. (*Archives de la comtesse Marie de Raymond, Registre coins fer, p. 443 à 445.*)

IX. — ARMAND, 4ᵐᵉ MARQUIS DE LUSIGNAN.

Armand de Lusignan, 4ᵐᵉ marquis dudit lieu, est le frère et le successeur immédiat de François III. Il est né en 1629 du mariage de François II, marquis de Lusignan, et de Jeanne d'Escodéca de Boisse. Il fait un accord, les 23 avril 1657 et 17 ou 27 février 1658, avec messire Pierre de Lusignan, baron de Galapian, son oncle paternel, et dans cet acte est qualifié marquis de Lusignan, d'où l'on peut inférer qu'il a déjà succédé à son frère aîné François III.

Une Ordonnance du Bureau du Domaine du roi en Guienne, rendue le 7 décembre 1661 au sujet de l'aveu et dénombrement de ce que possède le marquis de Lusignan, est formulée en ces termes :

« Sur la requeste présentée au Bureau par Armand de Lusignan, chevalier, seigneur dudit lieu, conseiller du roy en ses Conseils, contenant qu'en conséquance de l'hommaige par lui rendeu à Sa Majesté de la dite terre et marquisat de Lusignan, il en a fait dresser son adveu et desnombrement, lequel il présente pour avoir acte de la remise dicelluy et ordonner qu'il soit affiché sur les lieux aux formes ordinaires; la dicte requeste appointée soit montrée au procureur du Roy, qui par ses conclusions auroit declaré ne vouloir empescher l'entérinement d'icelle.

« Le Bureau, du consentement du procureur du Roy, octroye acte audict de Lusignan de la presentation de son adveu et desnombrement, a ordonné et ordonne qu'il sera paraffé par le greffier du Domaine pour estre affiché aux portes des esglises parroissialles où les biens mentionnez dans icelluy sont situez, et à suite leu et proclamé par devant le plus prochain juge Royal des lieux non suspect, en presence du procureur du Roy du mesme siège, pour le blasmer et contredire si besoin est, et ce par trois divers jours de Cour, les plaids tenantz pour ce fait et lire procès verbaux d'affiches et proclamations rapportez au Bureau, estre procédé à la vérification et enregistrement d'icelluy ainsin que de raison.

« Fait à Bourdeaux au Bureau des Domaines du Roy en Guienne le septiesme decembre mil six cens soixante un.

« De Laplaigne. »

« Messieurs de Pichon président, de Rey rapporteur. »

(*Ordonnance copiée aux Archives du château de Xaintrailles par M. Ph. Tamizey de Larroque.*)

Le 27 avril 1669, messire François de Narbonne, seigneur de Birac et d'Aubiac, âgé de 72 ans, possédant en rente ou revenu 10,000 livres; messire Charles du Bouzet de Marin, seigneur de Brax, âgé de 60 ans, possédant 10,000 livres de rente ; messire Joseph de Laurière, seigneur et baron de Moncaut, âgé de 67 ans, possédant 6,000 livres de rente, et messire Armand de Lusignan, seigneur marquis dudit lieu, Galapian et Monbalen, âgé de 40 ans, possédant 15,000 livres de rente, sont priés par les Commissaires députés pour faire l'enquête pour recevoir noble Etienne de Las, chevalier de l'ordre de Saint-Jean de Jérusalem, de donner, en leur qualité de gentilshommes anciens non suspects, témoignage de la noblesse et origine des maisons de Las, de Nort, de Montesquiou et de Cours, qui sont les quatre principales d'où descend le présenté.

Vient ensuite l'enquête secrète faite deux jours après par les mêmes chevaliers de Malte Commissaires députés. En conséquence, noble Herman de Sevin, écuyer, sieur de Ganet et Pécille, âgé de 72 ans, possédant 4,000 livres de rente, et noble François de Carbonneau, écuyer, sieur des Anges, âgé de 45 ans et possédant 3,000 livres de rente, sont interrogés séparément sur diverses questions relatives à la même affaire. On demande successivement à chacun d'eux, entre autres choses, si les sieurs de Birac, de Moncaut, de Brax et de Lusignan, déposants, sont *gentilshommes de nom, armes et extraction*, gens d'honneur, de bien et de conscience, et si foi doit estre adjoutée à leur tesmoignage.

« A respondu que les dicts sieurs depposants *sont gentilshommes et des plus anciennes maisons de la province*, gens d'honneur et de conscience, qui ne voudroient depposer contre vérité, et par ainsin foi doit estré adjoutée à leur depposition tant en jugement que dehors. » (*Enquête copiée par moi sur l'original appartenant à la famille de Las de Brimont.* J. DE BOURROUSSE DE LAFFORE.)

On voit que le marquis de Lusignan, d'Agenais, comme MM. de Narbonne, du Bouzet et de Laurière, *est gentilhomme de nom, armes et extraction et des plus anciennes maisons de la province.*

Armand est encore marquis de Lusignan le 7 février 1675, comme je le dirai à l'article de son oncle Pierre. Il meurt sans enfants.

X. — PIERRE, 5ᵐᵉ MARQUIS DE LUSIGNAN.

Pierre de Lusignan, né l'an 1604, seigneur baron de Galapian, puis 5ᵐᵉ marquis de Lusignan après la mort de son neveu Armand, est le 3ᵐᵉ fils de François Iᵉʳ, 1ᵉʳ marquis de Lusignan, baron de Galapian, etc., conseiller du roi en ses Conseils, capitaine de 50 hommes d'armes de ses ordonnances, gouverneur de Puymirol, etc., et de dame Marguerite de Nuchèze, mariés le 25 juillet 1594.

Nous avons vu que le 13 septembre 1639, messire François II, marquis de Lusignan, messire Guy de Lusignan, qualifié baron dudit lieu, et messire Pierre de Lusignan, seigneur baron de Galapian, frères, font un accord relativement à l'hérédité de François Ier, leur père commun. Plus tard, le même Pierre est héritier de son frère Guy. Il fait, en conséquence, un accord important, le 23 avril 1657, avec son neveu messire Armand, marquis de Lusignan, fils de François II. Tous deux nomment pour leurs arbitres Mes Jean de Chemillac, naguères conseiller du roi et magistrat au siège présidial d'Agen ; Pierre Du Cros, conseiller au même siège ; Antoine Daunefort et Géraud de Grimard, avocats. Ceux-ci désignent pour l'estimation des biens Me François Touton, licencié ès lois et juge de Moncaut, et Me Jean Latané, juge de Lusignan, auxquels sont joints deux gentilshommes amis des parties, messire François de Narbonne, seigneur de Birac et d'Aubiac, et noble Etienne de Las, seigneur de Brimont. L'accord définitif est signé le 17 ou 27 février 1658, dans la ville d'Agen, maison du seigneur de Galapian, et en présence de messire Marc Antoine de Las, seigneur de La Cépède, et de Raymond Duthil, praticien. Signés : Galapian de Lusignan, Lusignan, Chemillac, Ducros, Duthil, de Las, Cruzel, notaire royal. (*Archives de la comtesse Marie de Raymond, Registre coins fer, p. 32 et 33.*)

Le même Pierre de Lusignan, seigneur de Galapian, avait épousé par contrat du 23 août 1645, passé devant Leydet, notaire d'Agen, Rose de Loubatéry, fille de Florimond de Loubatéry, seigneur de Bellecombe, conseiller à la cour des aides de Guienne, et de Constance de Carbonnier, et petite-fille de Laurens de Loubatéry et de Jeanne de Raymond. Cette dernière avait plusieurs frères et sœurs, entre autres noble Florimond de Raymond, 3me seigneur de Suquet en Agenais, premier seigneur des Cheminées en la paroisse de Conac, juridiction de Mirambeau en Saintonge, conseiller au parlement de Bordeaux en 1570, célèbre par ses écrits et la publication des *Commentaires* de Monluc ; et Jean de Raymond, 4me seigneur de Suquet, seigneur de Villoris et de la Clotte, conseiller au présidial d'Agen.

Le 7 février 1675, un contrat est passé à Bordeaux entre messire Armand de Lusignan, marquis dudit lieu, Pierre de Lusignan, qualifié marquis de Galapian, faisant pour dame Anne de Montpezat, veuve de François III, marquis de Lusignan, et Joseph de Guyonnet, écuyer. Cet acte est-il celui par lequel messire Jean-Joseph de Guyonnet, conseiller au parlement de Bordeaux, devient seigneur baron de Monbalen ? Je l'ignore, n'ayant pas le titre sous les yeux. Il est certain, du moins, que ce Jean-Joseph Ier de Guyonnet et ses descendants ont porté le titre de seigneurs barons de Monbalen jusqu'à la Révolution.

Pierre de Lusignan devient 5me marquis de Lusignan après la mort sans postérité d'Armand son neveu, et fait son testament le 6 septembre 1687 en faveur d'Armand Joseph de Lau, l'aîné de ses petits-fils, et à condition qu'il portera le nom et les armes de Lusignan. Il est confirmé dans le titre de marquis de Lusignan par Lettres patentes de juillet 1690, et meurt le 6 octobre 1692.

En lui s'éteint le dernier descendant mâle de la maison de Lusignan, d'Agenais.

XI. — ANNE, MARQUISE DE LUSIGNAN,
ÉPOUSE JEAN-JOSEPH, COMTE DE LAU,
SOUS CONDITION
QU'IL PORTERA LE NOM ET LES ARMES DE LUSIGNAN.

Anne de Lusignan, fille unique de Pierre de Lusignan et de Rose de Loubatéry, se marie le 27 septembre 1676 avec Jean Joseph, comte de Lau, ainsi qualifié dans les ordres qui lui sont donnés par le roi Louis XIV, et qui, en 1674, avait servi en qualité de cornette de la noblesse d'Armagnac sous le maréchal d'Albret, gouverneur de Guienne, et capitaine du régiment de Sommery, cavalerie. Le mari qu'elle choisit appartient à la plus ancienne noblesse de la Gascogne, connue depuis l'an 1040. Amanieu de Lau, seigneur du dit lieu, accompagne le roi Saint-Louis en Terre-Sainte ; Bernard de Lau est sénéchal de Rodez sous les règnes de Philippe V le Long et Charles IV le Bel. Antoine de Lau est grand chambellan, grand bouteiller de France et sénéchal de Guienne sous Louis XI. Jacques de Lau est, sous François Ier, chevalier de l'ordre et capitaine de 50 hommes d'armes des ordonnances du roi. Hector de Lau est aussi chevalier de l'ordre et capitaine de 50 hommes d'armes sous le roi Henri II. (*Voir aussi dans la Revue de Gascogne, numéro de janvier 1877, l'article publié par M. Tamizey de Larroque.*)

Malgré ces illustrations, l'antiquité de la maison de Lau et sa devise fière et orgueilleuse, comme le sont en général les devises :

> « Laou es sur las autros gens
> Ço que l'or es sur l'argent. »

Il est stipulé dans le contrat de mariage d'Anne de Lusignan que Jean Joseph comte de Lau, son époux, portera le nom et les armes de Lusignan, et doit les transmettre à sa postérité.

Ce Jean Joseph est mort le 24 septembre 1708, et son fils aîné Armand Joseph de Lau, institué héritier de son aïeul maternel par testament du 6 septembre 1687, a porté le nom et les armes de Lusignan et le titre de marquis de Lusignan, par suite des Lettres patentes données à cet effet par le roi Louis XV au mois de décembre 1722. Il épouse, le 22 mai 1724, Jeanne Gabrielle de Montesquiou de Saintrailles, née en 1705, fille unique et héritière de François Charles de Montesquiou, seigneur comte de Saintrailles, etc., et de dame Gabrielle Digame. Cette Jeanne Gabrielle était nièce de Jean Jacques de Montesquiou, et petite-fille d'autre Jean Jacques de Montesquiou, seigneur de Xaintrailles et de Marie Angélique de Montpezat de Laugnac, mariés le 17 octobre 1657.

Armand Jean Jacques comte de Lau, marquis de Lusignan, comte de Saintrailles, né en 1725, brigadier des armées du roi en 1780, député de la noblesse de Condom en 1789, est le fils d'Armand Joseph et le petit-fils de Jean Joseph de Lau et d'Anne de Lusignan, marquise dudit lieu ; voilà pourquoi le 5 avril 1785 il transige en qualité de marquis de Lusignan avec M. le grand prieur de Léaumont, commandant d'Argentens, au sujet du moulin de Batpaumes, dont une moitié avait été aliénée en 1242 par Honors de Lusignan à l'un des prédécesseurs du commandant d'Argentens.

Le marquis de Lusignan, mort pair de France le 5 avril 1844, est le dernier de la maison de Lau, substituée au nom et armes de Lusignan.

(Voir aussi la brochure ayant pour titre : *De la communauté d'origine des Lusignan d'Agenais et des Lusignan du Poitou*, Mémoire lu à la Société d'Agriculture, Sciences et Arts d'Agen, dans la séance du 19 août 1868, par J.-F. Samazeuilh, avocat, correspondant du

Ministère de l'Instruction publique pour les travaux historiques, in-8°, 23 pages, imprimerie de X. Duteis, à Villeneuve-sur-Lot.)

XII. — MM. DE LUSIGNAN DE SAINT-GELAIS, DU POITOU, MARIÉS OU ÉTABLIS EN AGENAIS PENDANT DEUX SIÈCLES, DEPUIS 1481.

Avant d'examiner et de discuter si les Lusignans du Poitou et de l'Agenais avaient même origine, même nom et mêmes armes, c'est-à-dire avant de terminer et de conclure, je veux dire quelques mots de plusieurs rameaux de la branche de Lusignan de Saint-Gelais, du Poitou, qui ont contracté des mariages en Agenais avec des maisons féodales considérables, possédé de grands fiefs dans le même pays d'Agenais, été chambellans, ambassadeurs, chevaliers de l'ordre du Saint-Esprit, et, en un mot occupé des positions très élevées, pendant que MM. de Lusignan, d'Agenais, étaient barons ou marquis de Lusignan, et plus en vue que tous autres gentilshommes du même pays par leurs charges publiques, et leur rôle politique ou religieux. Cela me fournira d'ailleurs l'occasion de rectifier des erreurs commises par certains auteurs ou historiens.

Pierre de Lusignan de Saint-Gelais, marié le 25 juillet 1455 avec Philiberte de Fontenay, fille de Guy, baron de Fontenay, et de Jeanne d'Etampés, avait pour huitième aïeul paternel Rorgue de Lusignan, seigneur de Saint-Gelais, témoin de la fondation du prieuré de Saint-Gelais faite l'an 1109 par Hugues VII, dit *le Brun*, sire de Lusignan, père du dit Rorgue. Peu à peu les descendants de ce dernier ne portèrent que le nom de leur principal fief Saint-Gelais.

Du mariage de Pierre de Lusignan de Saint-Gelais et de Philiberte de Fontenay naquirent cinq enfants :

1° Jean, seigneur de Montlieu, marié le 9 février 1481 avec Marguerite de Durfort de Duras, fille de Gaillard IV de Durfort, seigneur de Duras en Agenais, de Blanquefort, Villandrau, etc, chevalier de la Jarretière, et d'Anne de La Pole Suffolck (celle-ci fille de N....... de La Pole, duc de Suffolck, et d'Elizabeth d'Angleterre dite d'Yorck);

2° Alexandre, auteur du rameau de Lansac établi en Agenais, qui suit;

3° Nicolas, seigneur de Saint-Séverin, bisaïeul de Jeanne ou Magdelaine de Lusignan de Saint-Gelais, mariée : 1° avec Louis de Nuchère, seigneur de Baptresse ; 2° le 25 juillet 1594 avec Henri, baron de Lusignan, Galapian et Monbalen, en Agenais, capitaine de 50 hommes d'armes des ordonnances du roi, gouverneur de la ville d'Agen pour le roi de Navarre en 1578, veuf d'Antoinette d'Ysalguier de Clermont ;

4° Jacques, évêque d'Uzès ;

5° Octavien, évêque d'Angoulême en 1496, mort en novembre 1502.

Alexandre de Lusignan de Saint-Gelais, second fils de Pierre et de Philiberte de Fontenay, fut seigneur de Cornefou et de Bries-au-Loup, conseiller en 1506 et chambellan de Jean d'Albret, roi de Navarre, puis du roi François Ier, son ambassadeur en plusieurs occasions importantes. Il avait épousé Jacquette de Lansac, fille et unique héritière de Thomas de Lansac, chevalier, et de Françoise de Pérusse des Cars, noms qui sont tous de notre province, et meurt en 1522.

Louis de Lusignan de Saint-Gelais, seigneur de Lansac, baron de La Motte Saint-Héraye et de Précy, fils aîné des précédents, fut conseiller d'Etat, ambassadeur en 1554, capitaine de 100 hommes d'armes, chevalier de l'ordre de Saint-Michel le 29 septembre 1577, chevalier de l'ordre du Saint-Esprit en 1579. A cette dernière occasion, il prouve sa descendance de la maison de Lusignan, dont il reprend le nom et les armes, qu'il écartèle des armes de Saint-Gelais, en vertu des Lettres du roi.

Le même Louis de Lusignan de Saint-Gelais avait épousé : 1° Jeanne de La Rocheaudry, fille de Philippe, baron du dit lieu et de Jeanne de Beaumont ; 2° en 1565, Gabrielle de Rochechouart, fille de François, seigneur de Mortemar. Il fut chargé par le roi de missions importantes, soit comme ambassadeur, soit comme général d'armée, fonctions dans lesquelles il réussit bien, et mourut en octobre 1589, âgé de 76 ans.

Guy de Lusignan de Saint-Gelais, seigneur de Lansac du chef de son père Louis et de son grand'père Alexandre, puis seigneur de Puycalvary en Agenais du chef de sa femme, fut chevalier de l'ordre du roi, gentilhomme ordinaire de sa chambre, capitaine de 50 hommes d'armes, gouverneur de Brouage ; et, comme Jean de Monluc, évêque de Valence, frère du maréchal auteur des *Commentaires*, il fut ambassadeur en Pologne pour favoriser l'élection d'Henri de Valois, duc d'Anjou, qui fut en 1574 Henri III, roi de France. Le même Guy de Lusignan de Saint-Gelais fut longtemps ministre de France en Espagne, commanda sous Louis XIII une flotte chargée de réprimer les corsaires de la Méditerranée, et mourut en 1622.

Il était devenu seigneur de Puycalvary près Tournon en Agenais, par son mariage avec Antoinette de Raffin Poton, fille de François de Raffin dit Pothon, chevalier, seigneur de Puycalvary et autres lieux en Agenais, gentilhomme ordinaire de la Chambre du roi, sénéchal d'Agenais et de Gascogne après la mort de son père, et de dame Nicole Le Rey ou Le Roy, dame d'Azay le Rideau en Touraine, qui devint par un second mariage la maréchale de Cossé.

Bien des auteurs ont commis des erreurs à propos de cette charge de Sénéchal remplie par des MM. de Raffin. Je demande l'autorisation de donner à cet égard quelques renseignements précis, puisés dans des documents publics par deux de nos collègues de la Société des Sciences, Lettres et Arts d'Agen, M. Adolphe Magen, secrétaire perpétuel de la dite société, et M. Auguste Bosvieux, ancien archiviste du département de Lot-et-Garonne, mort magistrat en 1871.

Deux MM. de Raffin, père et fils, successivement sénéchaux d'Agenais et Gascogne, ont été confondus et pris pour un seul et même personnage. Noble homme Antoine de Raffin, dit Pothon, seigneur de Puycalvary en Agenais, sénéchal d'Agenais et Gascogne, prête en cette qualité serment aux consuls de la ville d'Agen, le 13 décembre 1520. Il a la même charge les 16 mars 1521, 7 mai 1537, 1540 ; il est en outre qualifié capitaine de la garde du corps du roi les 17 mars 1541, et 28 décembre 1543. (*Archives de la ville d'Agen.*)

Noble et puissant seigneur messire François de Raffin, dit Pothon, chevalier, seigneur de Puycalvary et autres lieux, gentilhomme ordinaire de la chambre du roi, nouvellement pourvu de la charge de sénéchal d'Agenais et Gascogne après le décès de messire Antoine Raffin, son père, prête serment aux consuls d'Agen le 14 mai 1553. Il est qualifié chevalier, seigneur de Puycalvary, d'Azay le Rideau, capitaine de Gherbourg, conseiller et chambellan du roi, gentilhomme ordinaire de sa chambre, sénéchal d'Agenais et Gascogne le 11 mars 1569 (*Archives de la ville d'Agen*). Il est dit chevalier de l'ordre du roi, capitaine de 40 hommes d'armes, sénéchal de Gascogne et d'Agenais, le 13 juin 1570. (*Papiers de M. Amable Plieux, magistrat.*)

Ainsi, la charge de sénéchal de notre pays a été exercée successivement par le père et par le fils, du 13 décembre 1520 au 13 juin 1570, et peut-être plus tard.

François de Raffin Pothon, seigneur de Puycalvary, etc. beau-père de Guy de Lusignan de Saint-Gelais, seigneur de Lansac, était donc *sénéchal de robe courte d'Agenais et Gascogne* de 1553 à 1570, et Jean baron de Lusignan, était *son lieutenant*, comme le prouve le Rôle des Nobles de cette sénéchaussée du dernier février et du 16 mars 1557 (voir tome VIII, p. 419).

Dame Nicole Le Rey ou Le Roy, dame d'Azay le Rideau en Touraine, mère d'Antoinette de Raffin Pothon, dame seigneuresse de Puycalvary, devint, ai-je dit, la maréchale de Cossé par un second mariage. Ce deuxième mari était Artus de Cossé Gonor, comte de Segondiny, maréchal de France le 4 avril 1567, sous le nom de maréchal de Cossé, chevalier du Saint-Esprit le 1ᵉʳ janvier 1579, mort au château de Gonor en Anjou, le 15 janvier 1582. Il ne doit pas être confondu avec son frère aîné, Charles de Cossé, comte de Brissac, surnommé *le beau Brissac*, maréchal de France le 21 août 1550, mort à Paris le 31 décembre 1563, âgé de 57 ans ; ni avec Charles II de Cossé, comte puis duc de Brissac, pair, maréchal de France le 30 mars 1594, mort en juin 1621, fils de Charles I et neveu d'Artus qui précèdent.

Les Archives de la Préfecture de Lot-et-Garonne, section des Insinuations, années 1601 et 1602, registre B. 32, fol. 100 à 106, nous donnent le contrat de mariage d'Artus de Lusignan de Saint-Gelais et de Françoise de Souvré, acte authentique, dont voici l'analyse exacte :

Pierre de Voyer, chevalier de l'ordre du roi, son chambellan, seigneur de Laulnay et de La......., grand bailli du pays et duché de Touraine, fait savoir que le 18 juin 1601, par devant Vincent Patrix, notaire du roi ;

Haute et puissante dame Nicole Le Rey, veuve de haut et puissant seigneur messire Artus de Cossé, vivant maréchal de France, comtesse de Segondiny et dame d'Azay le Rideau, Balon, etc. demeurant au dit lieu d'Azay ;

Et dame Antoinette de Raffin Poton, épouse de haut et puissant seigneur messire Guy de Lusignan de Saint-Gelais, chevalier de l'ordre du roi, seigneur de Lansac, Cornefou, La Mothe Saint-Heraye, capitaine de 50 hommes d'armes de ses ordonnances. La dite dame de Puycalvary en la sénéchaussée d'Agenais, pays de Gascogne, et y demeurant, tant en son nom.........

Et Artus de Lusignan de Saint-Gelais, écuyer, fils unique des dits seigneur et dame de Lansac, et petit-fils de la dite dame de Cossé, d'une part ;

Et haut et puissant seigneur messire Gilles de Souvré, écuyer, seigneur du dit lieu, etc., chevalier des deux ordres du roi, capitaine de 100 hommes d'armes de ses ordonnances, gouverneur et lieutenant général pour sa Majesté en Touraine ;

Et haute et puissante dame Françaíse de Bailleul, son épouse, et de lui suffisamment autorisée quant à ce, demeurant au château d'Arrelanbeau ou Archambeau ;

Et demoiselle Françoise de Souvré, leur fille aînée, d'autre part ;

Etant tous réunis en la ville de Tours, arrêtent les conventions de mariage entre les dits Artus de Lusignan, écuyer, agissant de l'autorité de la dite dame maréchale son ayeule, et de la dite dame de Lansac, sa mère ; et damoiselle Françoise de Souvré, de l'autorité de ses père et mère, et de l'avis de très révérend père en Dieu messire François de La Guesle, archevêque de Tours, abbé de Serisy, conseiller du roi en ses Conseils d'Etat et Privé, ami commun des parties, aussi à ce présent. Et aussi en présence de Jean de Souvré, écuyer, frère de la future épouse, fils aîné du dit seigneur de Souvré ; et François de Bellanger, écuyer, sieur de Beau *brumeux*, neveu du seigneur de Souvré ; et promettent de s'unir en mariage en l'Eglise catholique.

Les sieur et dame de Souvré donnent à la future épouse leur fille, la somme de trente mille écus valant quatre vingt-dix mille livres tournoises et des habits nuptiaux selon sa qualité. L'acte est signé :

Maréchale Le Rey. De Raffin Poton. Souvré. F. de Bailleul. Artus de Lnsignan de Saint-Gelais. Françaíse de Souvré. François, évê-

que de Tours. J, de Souvré. François de Bellangier. Loys de Ma-
rollia. Forget. J. de Labarrière. Tardif. Bertault. Lefazellier. V. Patrix, notaire.

Suit la procuration donnée devant Robert Garsaud, notaire, et
tabellion royal de Bordeaux, par haut et puissant seigneur messire
Guy de Lusignan de Saint-Gelais, chevalier de l'ordre du roi, capitaine de 50 hommes d'armes de ses ordonnances, seigneur de Lansac et autres places, à haute et puissante dame Antoinette de Raffin,
dite Poton, son épouse, de consentir au mariage d'Artus de Luzignan de Saint-Gelais, leur fils unique, avec damoiselle Françoise
de Souvré, fille de haut et puissant seigneur messire Gilles de Souvré, etc.

Tel est l'acte que chacun peut lire aux Archives de la préfecture
d'Agen. Gilles de Souvré, marquis de Courtenvaux, devint maréchal
de France le 15 novembre 1614 et mourut en 1626, âgé de 84 ans.
Son gendre Artus de Lusignan de Saint-Gelais, fut seigneur de Lansac, marquis de Balon, chevalier de l'ordre du roi, conseiller d'Etat;
et Françoise de Souvré, femme de ce dernier, fut gouvernante du
roi Louis XIV.

On trouve aux mêmes Archives de Lot-et-Garonne, registre B. 58,
années 1639-1641, une donation faite par Françoise de Souvré, se
disant veuve d'Artus de Lusignan de Saint-Gelais, en faveur de ses
petites filles Marie et Armande de Lusignan, filles de Gilles qui
suit :

Gilles de Lusignan de Saint-Gelais, seigneur de Lansac et de Puycalvary, marquis de Balon, fils des précédents et tué au siège de
Dôle le 30 juillet 1636, fut marié deux fois : 1° avec N. de Marsilly,
selon Henri Filleau, auteur du *Dictionnaire des familles de l'Ancien
Poitou*, qui dit avoir suivi l'opinion du marquis de Sainte-Maure, et
de Nicolas de Sainte-Marthe ; 2° avec N. de La Vallée Fossés, fille du
marquis d'Everly.

Selon La Thaumassière, la première femme de Gilles de Lusignan se nommait N. Fouquet, et la seconde N. de Fontenay
Mareuil.

J'ai sous les yeux le contract du premier mariage de Gilles de Lusignan. Il m'est donc facile de résoudre la petite difficulté historique

ou généalogique, élevée entre des auteurs d'un aussi grand mérite et qui aurait pu demeurer longtemps à l'état de problème.

Le jeudi 21 octobre 1627, devant François Nau, notaire à Tours, haut et puissant seigneur messire Gilles de Luzignan de Saint-Gelais, fils de haut et puissant seigneur messire Arthus de Lusignan de Saint-Gelais, chevalier, seigneur de Lansac, et de dame Françoise de Souvré, épouse,

Damoiselle Françoise Fouquet, fille de Charles Fouquet, écuyer, sieur châtelain de Marsilly, conseiller du roi, trésorier général de France à Tours, veuf de damoiselle Françoise de Frézeau. La future épouse est assistée de son père et de messire Jacques de Frézeau, chevalier, sieur de Rochette, son oncle maternel et frère de la dite Française de Frézau. Elle reçoit du seigneur de Marsilly, son père, la somme de cent vingt mille livres.

La première femme de Gilles de Lusignan se nommait donc Françoise Fouquet de Marsilly, ce qui résout une difficulté, sans donner précisemment tort à aucun des auteurs qui semblaient avoir émis des opinions opposées.

Gilles de Lusignan fait foi et hommage au roi Louis XIII de sa terre de Puycalvary le 25 avril 1631. (*Archives de M. de Laborie de Saint-Sulpice, descendant par les femmes de la maison de Raffin.*)

Il eut du 1er lit :

1° Marie Magdelaine de Lusignan de Saint-Gelais, dame de Puycalvary, mariée avec Henri François, marquis de Vassé, seigneur de Brierie et Guilli, baron de Laroche Mabile. Elle vendit Puycalvary en 1660, pour 91,000 livres.

Le même Gilles de Lusignan eut du 2e lit :

2° Anne Armande de Lusignan de Saint-Gelais, mariée à Charles, duc de Créqui, prince de Pois, pair de France, ambassadeur à Rome, puis premier gentilhomme du roi, mort le 13 février 1687. Cette duchesse de Créqui fut première dame d'honneur de Marie Thérèze d'Autriche, reine de France, et mourut le 10 août 1709, laissant Marguerite de Créqui, mariée à Charles duc de La Trémouille.

XII. — SUPPOSITION FAITE POUR EXPLIQUER LA GRANDE SITUATION SOCIALE, FÉODALE ET POLITIQUE DES BARONS DE LUSIGNAN.

En 1868, à l'occasion de la brochure publiée l'année précédente par M. Dubernet de Boscq, conseiller à la cour d'appel d'Agen, sur les seigneurs de Lusignan, d'Agenais, et leur communauté d'origine avec les diverses branches issues des sires de Lusignan du Poitou, un de mes amis et de mes collègues à la société des Sciences, Lettres et Arts d'Agen, M. Amédée Moulié, alors conseiller à la même cour d'Appel, a fait une supposition singulière, que je tiens à détruire. Il s'est demandé si MM. de Lusignan, que l'on trouve placés dans une si grande situation sociale, féodale et politique, ne sont pas une branche de la maison de Montpezat.

Arnaud de Lésinhan (Lusignan), qui rend hommage au roi d'Angleterre le 13 juillet 1363, dans l'église Saint-André de Bordeaux, en même temps que les autres hauts barons et chevaliers de l'Agenais, est, dit M. Moulié, le père d'Amanieu de Montpezat, seigneur de Lésinhan (Lusignan), qualifié baron, et qui rend également son hommage. M. Amédée Moulié apporte-t-il une preuve ? non. Il fait une supposition à laquelle il est facile de répondre.

Cet Amanieu de Montpezat, frère de Rainfred II, est fils de Bernard ou Raymond Bernard de Montpezat et non d'un Arnaud, il est en second lieu, *le seul Montpezat* que l'on ait trouvé qualifié seigneur ou baron de Lusignan ; ses ancêtres et ses descendants ou héritiers n'ont jamais possédé la seigneurie, et, à plus forte raison porté le nom de Lusignan. Alors, dira-t-on, pourquoi Amanieu de Montpezat en fait-il hommage en 1363 ? Par une raison facile à comprendre. Le roi d'Angleterre victorieux et tout puissant en Guienne depuis la bataille de Poitiers et la captivité du roi Jean II le Bon (1356), confisqua la terre de Lusignan, et (suivant l'usage trop général de cette époque, de déposséder ses ennemis vaincus, au bénéfice de ses partisans), la donna comme récompense à cet Amanieu de Montpezat, son sénéchal d'Agenais en 1362-63, etc. Les exemples de ces confiscations de châteaux, faites successivement par les rois de France et d'Angleterre au bénéfice de leurs partisans, sont trop nombreux en Guienne, au temps de nos guerres avec l'Angleterre, pour avoir besoin d'être cités. Je veux rappeler seulement que le 13 octobre 1341, Philippe VI de Valois, roi de France, avait donné la moitié de Montpezat à Pierre II de Gontaud, et en avait par conséquent dépossédé Rainfred II de Montpezat, frère d'Amanieu de Montpezat, seigneur de Lusignan et sénéchal d'Agenais pour le roi d'Angleterre, 22 ans plus tard (1363). Hugues de Montpezat, grand'père paternel de Rainfred ou Rainfroy II et d'Amanieu le sénéchal de 1363, était mort de chagrin l'an 1324, peu de jours après que son château de Montpezat fut pris d'assaut et complètement rasé par Charles comte de Valois, frère du feu roi Philippe IV le Bel.

Personne sans exception n'a trouvé :

1° Qu'Arnaud de Montpezat ait été *qualifié seigneur de Lésiuhan* ou Lusignan.

2° Qu'il fut *père d'Amanieu ;*

3° Et *qu'en 1363 il ait fait hommage*, trois conditions nécessaires, sans lesquelles il est impossible d'admettre l'hypothèse toute gratuite de M. Moulié. Aucune des trois n'est appuyée sur un document, ou seulement sur une induction logique. Le même jour Mainfred ou Mainfroy de Montpezat rend hommage en qualité de seigneur baron de Montpezat, d'Agenais. Arnaud de Montpezat, cité par M. Moulié, n'était donc pas seigneur de cette terre en 1363 ; il ne l'était pas davantage de Lusignan, puisqu'Amanieu en rend hommage. Il n'a jamais été seigneur de Lusignan : d'abord il n'a été trouvé par personne qualifié tel ; en second lieu, à cette époque où le père de famille conservait l'autorité, il n'aurait pas consenti à céder son château le plus important ; et s'il avait abandonné la possession et le titre de ce fief, il n'en aurait pas pris le nom à l'exclusion du nom de Montpezat, qui était le sien et trop beau pour être abandonné.

Ainsi, Arnaud de Lésinhan ou de Lusignan n'était pas un Montpezat ; il n'était pas le père d'Amanieu de Montpezat, baron de Lusignan ; il était un Lusignan, d'Agenais ou de Poitou peu importe ; mais enfin un Lusignan dépossédé pour le moment de la terre de son nom, et qui rendit hommage au roi d'Angleterre le 19 juillet 1363, de ses autres fiefs d'Agenais, peut-être de Galapian et autres que l'on trouve appartenant aux barons, puis aux marquis de Lusignan.

Un autre Raymond-Bernard, baron de Montpezat, et, du chef de sa femme, baron de Madaillan, Aiguillon, etc., sénéchal d'Agenais, s'empare, en 1434, du bourg, de l'église et du château de Lusignan (nouvelle preuve qu'il ne les possédait pas), comme il enlève l'année suivante le château de Castelmoron sur Lot et le fait démolir, sans avoir ou prétendre sur ce dernier plus de droits que sur celui de Lusignan. Amanicu, seigneur de Montpezat, son père (qu'il ne faut pas confondre avec Amanieu de 1363), s'était aussi emparé, en 1418, des châteaux de Prayssas, de Monbran, de Sainte-Livrade, Dolmayrac, Frégimont, etc. Les châteaux étaient des forteresses; et c'est uniquement à cause de cela que les barons de Montpezat, à l'exemple des autres seigneurs belligérants, enlevaient ou cherchaient à prendre ceux qui appartenaient aux seigneurs du parti opposé au leur. C'est donc comme sénéchal d'Agenais, c'est-à-dire en qualité de général, et non pour revendiquer des droits, que le seigneur de Montpezat et de Madaillan enlève Lusignan, qu'il ne possède pas, puisqu'il l'enlève; et qu'il ne conserve pas, puisqu'il ne l'a pas transmis à ses descendants.

On le voit : Les Lusignans ne sont pas de la maison de Montpezat.

XIV. — LES LUSIGNANS DU POITOU ET DE L'AGENAIS AVAIENT-ILS MÊME NOM ET MÊMES ARMES ?

Pour le nom, cela n'est pas douteux ; puisque dans les deux provinces de Poitou et d'Agenais, le nom de la race et le nom du château de son principal fief sont indifféremment écrits Lésignem ou Lusignan; la dernière orthographe a prévalu depuis plusieurs siècles.

Il ne peut pas y avoir de difficulté à cet égard ; je n'insiste pas.

Les armes sont-elles les mêmes ? examinons.

Hugus VI, dit *le Diable*, 6° sire de L signan, Raymond IV, comte de Toulouse, Quercy, Albigeois, Saint-Gilles, etc. et mort en Terre-Sainte le dernier février 1105, et Raymond Bérenger II, dit *Tête d'Etoupes*, comte de Barcelone du 27 mai 1076 au 5 décembre 1082, étaient *frères utérins*, parce qu'ils étaient nés des trois mariages successifs d'Almodis de la Marche (voir p. 404).

Hugues VII, dit *le Brun*, sire de Lésignem ou de Lusignan, après Hugues VI, dit *le Diable*, son père, fonde le prieuré de Saint-Gelais en 1109, l'abbaye de Bonneveau, se croise avec le roi Louis VII le Jeune, en 1147, scelle d'un sceau *Burelé de 10 pièces* en 1151. Il a ses armoiries peintes au Musée de Versailles sur les frises de la grande salle des Croisades, et les armoiries de son frère autre Hugues, sur un des piliers.

Guy de Lusignan, l'un des petits-fils du même Hugues VII, *le Brun*, est couronné roi de Jérusalem en 1186. Il ajoute alors au *Burelé d'argent et d'azur de 10 pièces*, qui sont les armes primitives de la maison de Lusignan, *un lion de gueules, armé, lampassé et couronné d'or, brochant sur le tout.* Il veut ainsi rappeler le courage qui lui a valu la couronne royale.

MM. de Lusignan, dits de Valence, comtes de Pembrock, puinés des sires de Lusignan, portaient comme brisure un écu de 7 *burelles, chargées de 9 merlettes posées 4, 2, 2 et 1.*

Raoul I et II de Lusignan, seigneurs de Melle et comtes d'Eu, portent comme Guy, roi de Jérusalem, leur frère et oncle paternel.

La branche de Saint-Gelais, depuis qu'elle a prouvé sa descendance de la maison de Lusignan, porte : *Ecartelé, aux 1 et 4, à la croix alaisée d'argent,* qui est de Saint-Gelais ; *au 2 burelé d'argent et d'azur de 10 pièces,* qui est de Lusignan ; *au 3 burelé de même, au lion de gueules, couronné et lampassé brochant d'or,* qui est de Lusignan depuis le couronnement de Guy, en 1186.

La branche de Lusignan de Lezay portait : *Burelé d'argent et d'azur, à l'orle de 8 merlettes de gueules, au franc quartier de même.*

La branche de Lusignan de Couhé : *Ecartelé d'or et d'azur, à 4 merlettes de l'un en l'autre, et pour cimier une Mellusine.*

Les ducs de La Rochefoucaul, de Liancourt, d'Estissac, de Doudeauville et de Bisaccia, sont des puinés des sires de Lusignan, et descendent, comme je l'ai déjà dit, de Foucault de Lusignan, seigneur de La Roche, dont on a fait La Roche Foucault (*Rupes Fucaldi)* fils de Josselin, seigneur de Partenay, et celui-ci de Hugues II, dit *le Cher* ou *le Bien aimé,* seigneur de Lusignan. Ils portent : *Burelé d'argent et d'azur de 10 pièces,* qui est de Lusignan primitif, et pour brisure *3 chevrons de gueules, le premier écimé, brochant sur le tout.* Cimier, *une Mellusine.*

Tous les Lusignans du Poiteau portent pour cimier la Mellusine ou Mélusine. Il en est de même des MM. de La Rochefoucauld, leurs puînés.

Quelles étaient les armes portées par les barons, ensuite marquis de Lusignan, d'Agenais? Citons des preuves publiques ou officielles, encore existantes.

D'après M. Dubernet de Bosq, alors conseiller à la Cour d'appel d'Agen, qui a fait, avec tant d'amour filial, de longues recherches sur les anciens seigneurs de Lusignan, on peut, dans l'église de Lusignan-Grand, à la voute de la chapelle latérale située à gauche en avançant vers le sanctuaire, *reconnaître avec certitude un lion couronné*. Dans l'écusson contenant ce lion couronné, on voit en outre, ajoute-t-il, « des barres peintes comme à Saint-Hilaire, incomplète-
« ment perceptibles, entre-croisées ou semblant l'être. M. l'Architecte
« du département fait remonter les deux chapelles au xve siècle. »

Ce que M. le conseiller Dubernet de Boscq appelait des « barres peintes comme à Saint-Hilaire, » doivent être les 10 burelles ou bandes horisontales de la maison de Lusignan.

Voyons maintenant les armes peintes à Saint-Hilaire et parfaitement visibles encore aujourd'hui.

Saint-Hilaire de Colayrac, l'une des cinq paroisses de l'ancienne juridiction de Lusignan, a, sous le porche de son église, la Litre funèbre ou seigneuriale peinte après le 19 mars 1651, date du mariage de François III de Lusignan avec Anne de Montpezat, et avant le 17 ou 27 février 1658, date d'un accord fait par Armand, marquis de Lusignan, après la mort dudit François III, son frère aîné. Cette Litre ou bande noire est posée de chaque côté de la partie supérieure de la porte d'entrée de l'église, sous l'auvent ou porche. L'écusson est peint sur la partie droite de cette bande noire. Il est *Ecartelé, au 1 burelé d'argent et d'azur de 10 pièces, au lion couronné, brochant sur le tout*, qui est de Lusignan ; *au 2 d'argent, à 3 étoiles posées 2 et 1* (qui est peut-être de Malvin); *au 3 d'or, à 3 chevrons de gueules; au 4 de gueules, à la balance d'or*, qui est de Montpezat de Laugnac. Supports deux lions ; couronne à cinq fleurons.

La balance de Montpezat prouve que la Litre est postérieure au 19 mars 1651 ; et l'absence des armes de Lau indique suffisamment que cette peinture est antérieure à 1692, date de la mort du dernier représentant mâle de la maison de Lusignan sur les rives de la Garonne. Ainsi, l'écusson peint sur la Litre que l'on voit encore, après plus de deux siècles, sous le porche de l'église de Saint-Hilaire de Colayrac, a été fait pour un *Lusignan d'origine* et non pour un Lau devenu *Lusignan par substitution* légale.

Jean-Joseph comte de Lau avait épousé, le 27 septembre 1676, Anne de Lusignan, héritière, en 1692, du marquisat de son nom. Armand-Joseph, l'aîné de leurs fils, substitué au mois de décembre 1722 aux nom, armes et titre de marquis de Lusignan, est donc comte de Lau et marquis de Lusignan, lorsqu'il épouse, le 22 mai 1724, Jeanne-Gabrielle de Montesquiou Xaintrailles, héritière du château de Xaintrailles. Les nouveaux mariés vont dès lors habiter ce château, construit en partie sous le règne de Charles VII par le maréchal Pothon de Xaintrailles. Ils veulent y avoir les armoiries de leurs maisons, et nous allons les y examiner.

Quand on a monté les vingt marches du magnifique perron extérieur, on arrive devant la porte principale par laquelle on entre réellement dans l'intérieur de ce château. Cette porte est surmontée intérieurement d'un grand écusson écartelé. Le premier grand quartier est la reproduction de la Litre de l'église de Saint-Hilaire de Colayrac, c'est-à-dire au 1er les *10 burèles d'argent et d'azur, chargées du lion de gueules, armé, lampassé et couronné d'or brochant sur le tout,* qui est de Lusignan; au 2, les *3 étoiles;* au 3, les *3 chevrons;* au 4, *la balance* de Montpezat. Les trois autres grands quartiers rappellent d'autres alliances de Lusignan ou de Lau ; sur le tout en abyme *losangé d'or et d'azur,* qui est de Lau, soutenu d'un *écusson d'azur, au monde d'argent, cintré et croiseté d'or,* qui est de Mun. Tout l'écusson est timbré de la *couronne de marquis,* surmontée par la *fée Mélusine avec ses ailes déployées.*

Le sceau du marquisat de Lusignan (ce garant de la foi due aux actes publics, selon l'expression du conseiller Dubernet de Boscq), a été remis par la famille du dernier greffier de la juridiction, à M. le marquis de Châteaurenard, ancien ministre plénipotentiaire, ancien conseiller d'Etat, etc., neveu de la dernière comtesse de Lau, marquise de Lusignan. Le sceau est en cuivre, de forme ovale, de 47 millimètres sur 37. L'écusson est semblable à celui du château de Xaintrailles. Le premier des 4 grands quartiers est *contre-écartelé* ayant au *1. burelé de 10 pièces d'argent et d'azur, au lion de gueules, armé, lampassé et couronné d'or, brochant sur le tout*, au 2, les *3 étoiles;* au 3, les *3 chevrons;* au 4, la *balance d'or sur fonds de gueules,* pour Montpezat, comme à la Litre de Saint-Hilaire de Colayrac et au château de Xaintrailles. Pour les 3 autres grands quartiers, les armes de diverses maisons alliées. Le *losangé* de la maison de Lau est en abyme, soutenu de Mun. L'écu posé sur un cartouche, timbré d'une *couronne de marquis* et, au-dessus de la couronne, *la fée Mélusine*, moitié femme par le haut, moitié poisson par le bas, avec les ailes éployées de chauve-souris, et pour exergue : *sceau du marquisat de Lusignan.*

On voit que les barons, puis marquis de Lusignan, d'Agenais, ont le même nom et les mêmes armes que les sires de Lusignan, du Poitou, les rois de Jérusalem du nom de Lusignan, les seigneurs de Saint-Gelais, etc., etc., et qu'ils ont, les uns et les autres, la fée Mélusine, protectrice inséparable de toute la race, et devenue le signe ou caractère distinctif de tous les Lusignans

XV — LES LUSIGNANS DU POITOU ET DE L'AGENAIS ONT-ILS AUSSI LA MÊME ORIGINE ?

M. Amédée Moulié, que j'ai cité plus haut, reconnaissait que les Lusignans d'Agenais étaient en possession du nom et des armes des Lusignans du Poitou; mais à ses yeux, cette communauté de nom et d'armes n'est pas une présomption sérieuse de leur communauté d'origine. Suivant lui, tous les nobles d'Agenais remontent à des financiers ; ils ont choisi, pris et porté les armes qu'ils ont voulues ; il n'y a dès lors aucun argument à tirer de cette communauté de nom et d'armes.

Je fus d'un avis différent.

M. Amédée Moulié était l'un de mes anciens camarades, fort studieux, de caractère obligeant et facile; je l'aimais beaucoup et me plaisais infiniment à discuter des points d'histoire avec lui, pourvu qu'il ne s'agit pas d'histoires de familles des deux ou trois derniers siècles; car il avait sur ce dernier point des convictions fixes et inflexibles, basées, suivant moi, sur des idées erronées. Cela ne nous a pas empêché d'être pendant une quarantaine d'années de fort bons amis et d'avoir les rapports les plus fréquents et les plus intimes.

Je n'admets, ni les données, ni les conclusions de M. Amédé Moulié citées plus haut.

En Agenais, comme ailleurs, il y a des familles nobles, remontant à des personnes enrichies par la finance ou le commerce, à des hommes de judicature, à des officiers de fortune. Il y en a beaucoup, cela n'est pas douteux. La possibilité d'acquérir la noblesse transmissible à ses enfants était même un stimulant à bien faire très utile. Mais il y en a aussi beaucoup d'autres d'origine purement féodale ou chevaleresque ; et parmi ces dernières, il y en a d'illustres dont le nom et les armes (parfaitement connus de tout le monde durant les derniers siècles) sont inséparables, comme Bourbon et fleur de lis; empire français, aigle impériale ; Angleterre et léopards ; Autriche, aigle à deux têtes ; Turquie et croissant; Lusignan et Mélusine; Montmorency et alérions ; Gontaud-Biron, écu en bannière. Certaines figures héraldiques, naturelles ou de convention, sont le caractère distinctif de telle ou telle race : la Mélusine est le signe distinctif de la maison de Lusignan, comme le crancelin (portion de couronne posée en diagonale) l'est de la maison royale de Saxe, le créquier de la maison ducale de Créqui, etc.

Aucune maison n'était plus illustre et plus connue que celle de Lusignan, qui a porté la couronne royale. Son nom, inséparable de Mélusine, avait eu dans tout l'univers un retentissement glorieux. S'il était des pays et des provinces où le nom et les armes de Lusignan fussent plus particulièrement et plus universellement connus, c'étaient le Poitou, la Marche, l'Angoumois, l'Agenais, où des Lusignans possédaient des châteaux féodaux dans lesquels ils faisaient leur résidence habituelle, commandaient sous leur bannière, etc.

La communauté de nom et d'armes n'est pas un argument sérieux, les Lusignans ayant choisi, pris et porté les armes qu'ils ont voulues, dit M. Amédée Moulié.

Nous avons eu, pendant près de sept siècles, des Lusignans en Agenais, depuis Vital de Lusignan, contemporain des rois Philippe Auguste et Louis VIII, et sa fille Honors de Lusignan qui, en 1242 (l'année même où Hugues X, sire de Lusignan, comte de Lamarche et d'Angoulême, chef de sa race et mari d'Elisabeth, ancienne reine d'Angleterre, est vaincu à Taillebourg et à Saintes par le roi Saint-Louis), vend la moitié du moulin de Batpaumes situé dans le diocèse d'Agen. L'autre moitié de ce moulin était encore possédée, en 1785

(543 ans plus tard), par le marquis de Lusignan, substitué légalement aux nom et droits héréditaires d'Anne de Lusignan, sa bisaïeule.

Maintenant, je le demande à tout esprit impartial, c'est-à-dire qui n'est pas dominé (à son insu ou non) par une idée préconçue d'hostilité contre les races féodales ou chevaleresques arrivées jusqu'à nous : Quand et comment les Lusignans d'Agenais, s'ils ne descendaient pas de cette race née dans le Poitou, illustre dans le monde entier, se seraient-ils mis en possession du château, auraient-ils choisi, pris et porté le nom, les armes et la Mélusine de Lusignan, sans laisser dans le souvenir des habitants de la province, des traces de ces flagrantes usurpations? Les Agenais d'autrefois n'étaient ni plus andurants, ni moins malins que ceux de nos jours, et s'ils avaient vu un gros marchand, un financier, un homme de petite ou de grande noblesse, usurper et porter publiquement le nom et les armes d'une ancienne maison comtale et royale, croyez-vous qu'ils n'auraient pas flétri d'un ridicule inéfaçable et mérité cette usurpation audacieuse? qu'ils n'en auraient pas d'âge en âge transmis le souvenir à leur neveux? que la tradition, en l'exagérant, ne l'aurait pas appris aux Agenais du seizième siècle; qu'Henri, baron de Lusignan, ce descendant des usurpateurs, devenu en 1578 gouverneur de la ville d'Agen, n'aurait pas été tous les jours le sujet des railleries et des sarcasmes de nos concitoyens?

L'an 1557, les nobles sujets à servir au ban et arrière ban de la sénéchaussée d'Agenais et Gascogne furent convoqués en la ville d'Agen, suivant les Lettres patentes du roi, par devant Herman de Sevin, seigneur de La Garde, Juge-Mage, assisté de Jean de Lusignan, seigneur baron dudit lieu, lieutenant de robe courte du sénéchal d'Agenais et Gascogne.

Croyez-vous que les gentilshommes de vieille race, justement fiers des services séculaires de leurs ancêtres, par exemple en Agenais, Honorat de Savoie, comte de Villars, baron de Montpezat, Madaillan, Aiguillon, etc.; François Nompar de Caumont, baron de Lauzun, sire de Tombebœuf, vicomte de Montbahus, etc., avant d'être comte de Lauzun; François, seigneur de Caumont, ou Geoffroy, seigneur de Caumont après la mort de François, son frère; Jean de Caumont, seigneur de Montpouilhan, Fauillet, Saint-Barthélemi, frère des précédents; Louis seigneur d'Estissac, chevalier de l'ordre du roi, gouverneur de La Rochelle et de l'Aunis; Bertrand et Antoine de

Lustrac ; de Ferréol, seigneur de Tonneins-Dessous ; Symphorien de Durfort, seigneur de Duras, Rauzan, Pujols, etc.; Jean de Durfort, baron de Bajamont ; de Montferrand, seigneur de Cancon; le seigneur baron de Beauville ; François, seigneur baron de Fumel, François de Balzac d'Antraigues, seigneur de Clermont-Dessus ; Jean de Grossolles Flamarens, baron de Montastruc, seigneur de Buzet, époux d'Antoinette de Lustrac ; le seigneur de Pardaillan, et celui de Blanquefort; le seigneur marquis de Théobon ; le seigneur de Combebonnet; le seigneur de Casseneuil ; les seigneurs de Laduguie, de Carbonnières ; François I de Montpezat, seigneur baron de Laugnac ; de Montpezat, seigneur de Thouars, et autres seigneurs de la maison de Montpezat ; M. de Montferrand, baron de Frespech ; Jean de Cours, seigneur de Clermont-Dessous ; de Timbrunne, seigneur de Valence ; ses frères, le seigneur de Teyrac, etc.; Joseph de Lard, seigneur de Birac et d'Aubiac, époux de Marie de Noailles ; les seigneurs de La Capelle-Biron et de Montségur ; Christophe et Charles de Montalembert, seigneurs de Roger ; M. de Pélegrue, seigneur de Rocquecorn ; le baron de Luzech ; les seigneurs d'Escassefort, de Sauveterre, etc.; François de Raffin, dit Pothon, seigneur de Puycalvary, sénéchal de robe courte d'Agenais et Gascogne; M. de Bonnefont, seigneur de Fieux, près Miradoux ; Jean de Lustrac, seigneur de Canabazes ; Herman de Sevin, seigneur de Lagarde, Juge Mage d'Agenais ; Venture de Raymond, seigneur de La Giscardie, marié le 17 août 153. avec Charlotte de Gozon ; Rigal de Chasteigner, seigneur de Sainte-Foy ; autre Venture de Raymond de Folmont, seigneur de Fages, etc., etc.

Et dans le Condomois :

Bernard de Narbonne, 2e marquis de Fimarcon ; Bertrand de Galard, seigneur de Terraube ; Gaston de Poudenas, seigneur baron dudit lieu ; le seigneur de Fourcès, issu des comtes d'Armagnac ; le seigneur de Xaintrailles ; M. de Montlézun Pardiac, seigneur de Montcassin ; Jean de Goth ou du Gout, seigneur marquis de Rouillac, coseigneur de Saint-Mézard ; Gilles de Faudoas ; M. de Roquelaure ; M. de Galard ; MM. du Bouzet, seigneurs de Roquepine, de Las Bousigues, coseigneurs de Ligardes ; Jean de Besolles ; de Révignan ; de Lomagne de Montagnac ; Martin de Berrac, seigneur de Berrac et de Cadreils ; de Patras ; Michel du Bouzet, seigneur de Marin ; Arnaud de Montlézun, etc., etc., etc.

Croyez-vous, dis-je, que les gentilshommes de vieille race que je viens de nommer, d'origine chevaleresque ou féodale, c'est-à-dire de nom, d'armes et d'extraction, auraient consenti, en l'absence de François de Raffin, dit Pothon, seigneur de Puycalvary, sénéchal de robe courte d'Agenais et Gascogne, à être commandés par son lieutenant Jean de Lusignan, seigneur baron dudit lieu, si ce Lusignan avait porté un nom qui n'était pas le sien, des armes qui ne lui appartenaient pas? s'il avait été un usurpateur de ces armes et de ce nom connus de tous et illustres entre tous? en un mot, s'il avait été un faux Lusignan?

Vous pouvez à cet égard vous en rapporter sans défiance à leur fierté, héréditaire comme leur courage et leurs services, et toujours mêlée d'une certaine jalousie de leurs pairs.

Ces nobles, d'origine chevaleresque, n'apprenaient que l'histoire des familles et l'art de bien combattre; mais ils savaient l'histoire des Lusignans de l'Agenais comme la leur, et bien mieux que nous ne la connaissons de nos jours. Je le répète, ils regardaient les Lusignans de l'Agenais comme issus de ceux du Poitou, sans cela ils n'auraient jamais consenti à être commandés par un faux Lusignan.

Il ne faut pas comparer les préoccupations, les idées dominantes des siècles passés avec nos idées d'aujourd'hui, qui n'offrent rien d'analogue.

Dans les grandes maisons féodales, à plus forte raison dans les maisons qui avaient, comme celle de Lusignan, porté la couronne royale, le nom et les armes étaient inséparables et universellement connus; le premier rappelait la famille par des lettres, les autres par des figures. En d'autres termes, le nom rappelait inévitablement les armes et réciproquement.

Porter le nom et les armes de Lusignan était affirmer publiquement qu'on descendait des Lusignans du Poitou. Si ceux de l'Agenais avaient usurpé le nom, les armes et la Mélusine, si, enfin, ils avaient été de faux Lusignans, nul bourgeois de notre ville, nul gentilhomme de l'Agenais, même après plusieurs siècles, ne l'aurait ignoré, ni oublié, ni accepté sans protestation. Avoir dans notre sénéchaussée ou notre ville une grande situation sociale, féodale et politique, y porter pendant des siècles, sans provoquer des protestations, un tel nom, de telles armes et la Mélusine caractéristique de la race, est une garantie certaine, absolue de la légitimité de leurs droits.

Que le lecteur me permette, en finissant, de rappeler un fait caractéristique cité dans ce travail.

Les branches des anciennes familles ont une tendance presque aussi invincible que déraisonnable, à se renier mutuellement : elles ne se reconnaissent qu'à bon escient comme issues d'une même souche. Or, MM. de Lusignan de Saint-Gelais en Poitou, ont prouvé devant les commissaires du roi pour l'ordre du Saint-Esprit, qu'ils sont issus des sires de Lusignan ; ils sont ensuite devenus seigneurs de Puycalvary en Agenais, en épousant la fille de François de Raffin, dit Pothon, seigneur de Puycalvary, sénéchal de robe courte d'Agenais et Gascogne, qui avait, en 1557, Jean de Lusignan, seigneur baron dudit lieu, pour lieutenant. Les branches du Poitou et celles de l'Agenais se connaissaient fort bien, puisque le beau-père des premiers était le chef militaire des autres.

Guy de Lusignan de Saint-Gelais (dont l'origine poitevine n'est pas contestée), seigneur de Lansac en Agenais ou Guienne, était marié depuis vingt-cinq ou trente ans, et, du chef de la femme, seigneur de Puycalvary en Agenais, lorsque François de Lusignan de Saint-Gelais, seigneur de Saint-Séverin en Poitou, *son cousin issu de Germain*, marie, par contrat du 25 juillet 1594, sa fille aînée, Magdeleine de Lusignan de Saint-Gelais, veuve de Louis de Nuchèze, avec Henri de Lusignan, seigneur baron de Lusignan, capitaine de cinquante hommes d'armes des ordonnances du roi, capitaine et gouverneur de la ville et citadelle de Puymirol, ancien gouverneur de la ville d'Agen, fils de Jean (que nous avons vu lieutenant de François de Raffin, sénéchal d'Agenais et Gascogne, beau-père de Guy de Lusignan).

Par contrat du même jour 25 juillet 1594, ou peut-être par le même contrat, François de Lusignan de Saint-Gelais, seigneur de Saint-Séverin, marie, en outre, sa petite-fille Marguerite de Nuchèze, fille de Louis de Nuchèze et de la dite Magdeleine de Lusignan de Saint-Gelais, avec François de Lusignan, fils d'Henri, et qui eut, en 1618, sa baronnie de Lusignan érigée en marquisat.

Il est bien évident que Guy de Lusignan de Saint-Gelais, en épousant la fille et l'héritière du sénéchal d'Agenais, a été en rapport avec le baron de Lusignan, lieutenant de ce sénéchal, et que plus tard il a été la cause des deux mariages de ses nièce et petite-nièce avec le fils et le petit-fils de ce lieutenant du sénéchal. Peut-on admettre que ces deux mariages auraient été contractés, si les deux rameaux des seigneurs de Saint-Gelais avaient regardé ceux de l'Agenais comme de faux Lusignans, usurpateurs de leur nom, de leurs armes et de leur fée Mélusine? Ils se seraient au contraire montrés, dans toutes les circonstances, les ennemis irréconciliables des Lusignans d'Agenais; parce qu'il y a des questions, par exemple la communauté d'origine, sur lesquelles les vieilles et grandes races ne transigent jamais.

XVI. — CONCLUSIONS.

Les Lusignans de l'Agenais ont le même nom, les mêmes armes et la même origine que les Lusignans du Poitou;

Ils portent, comme eux, pour cimier de leurs armes, la fée Mélusine, protectrice et caractéristique de toute la race;

Ils sont une branche des Lusignans du Poitou;

Ils sont établis en Agenais depuis la fin du XII° siècle ou les premières années du XIII°;

Ils ont fondé en Agenais des châteaux auxquels ils ont donné le nom de leur race et de leur château patrimonial du Poitou;

Ils ont habité le diocèse d'Agen pendant plus de cinq siècles;

Ils marchaient de pair et contractaient des alliances directes avec les plus nobles, les plus grandes et les plus puissantes maisons du pays;

Ils ont commandé la noblesse de l'Agenais;

Ils étaient reconnus pour *gentilshommes de nom, armes et extraction, et des plus anciennes maisons de la province;*

Ils ont possédé pendant des siècles une baronnie de leur nom, érigée pour eux en marquisat;

Ils ont joué un rôle considérable dans la province pendant les troubles religieux ou politiques;

Ils ont, durant deux siècles, porté leur nom, leurs armes, la Mélusine, au vu et au su des Lusignans de Saint-Gelais, du Poitou, qui avaient de grands fiefs en Agenais ;

Ils ont contracté des alliances directes avec les Lusignans de Saint-Gelais, qui les reconnaissaient comme issus de leur race, sans quoi ils se seraient posés en ennemis ;

Les Lusignans du Poitou et de l'Agenais ont la même origine, chevaleresque et illustre entre toutes.

TABLE ALPHABÉTIQUE

DES

LUSIGNANS DU POITOU ET DE L'AGENAIS.

A

Achères. 13.
D'Acre, 9.
Agen, 8, 17, 19, 21, 22, 27, 31, 32, 33, 35, 38, 41, 46, 47, 49, 51, 52, 53, 57, 61, 62, 67, 71, 75, 78, 79.
Agen (diocèse d'), 74.
Agenais, 5, 8, 9, 12, 14, 16, 18, 19, 20, 21.24, 27, 31, 32, 41, 42, 43, 44, 51, 54, 56, 57, 60, 61, 62, 63, 64, 67, 68, 69, 71, 73, 74, 75, 76, 77, 78, 79, 80.
Aigle impériale, 74.
Aigle à deux têtes, 7.
D'Aignac, 18.
D'Aiguevives, 28.
D'Aiguillon, 68, 75.
D'Aix, dit Capoulette, 23.
D'Albigeois, 7, 69.
D'Albret, 11, 15, 33, 58, 61.
D'Alemans, 25.
Alérions, 74.
D'Alps ou d'Aups, 14.
Amélie, comtesse, 7.
D'Andas, 48.
D'Andiran, 13, 16, 30.
Capitaine Angelier, 46.
Des Anges, 56.

D'Anglade, 13, 17.
D'Angles, 8.
D'Angleterre, 6, 10, 11, 12, 16, 17, 60, 67, 74.
D'Angoulême, 5, 6, 10, 11, 74.
Angoulême (évêque d'), 61.
Angoumois, 74.
Anjou, 6, 62.
D'Antras, 15.
d'Aquitaine, 6, 7, 8, 10, 41.
Des Aquez, 34.
Capitaine Arbissan, 46.
Archives de la Préf. d'Agen. 42. 65.
Archives de la ville d'Agen. 51, 62.
Arch. hist. du département de la Gironde, 33.
Arch. de M. de Laborie de Saint-Sulpice, 66.
Arch. de la comtesse Marie de Raymond, 54, 57.
Arch. du château de Xaintrailles, 20, 32, 33, 43, 45, 46, 51, 55.
D'Arcisas, 15.
D'Arconques, 13, 30.
D'Ardessé, 30,

Argentens, commanderie, 12, 13, 15, 59.
Armagnac, 24, 39, 58.
D'Armagnac, 12, 33, 76.
Arrelambeau ou Archambeau, 64.
Arsendis, 7.
D'Artigues, 49.
D'Arzies ou d'Ayzies. 29.
D'Aspremont, 16.
D'Astaffort, 15, 16.
D'Auberty, 28,
D'Aubeterre, 53.
D'Aubiac, 55, 57, 76.
D'Aubigné, 40.
D'Auch, 32.
Aunis, 75.
D'Auriolles, 25
D'Aurrolle, 30.
D'Autriche, 66, 74.
Auzac (paroisse d'), 13, 14, 15.
D'Auzac, 14.
Auzac (lou bosc d'), 13, 14.
D'Ayzary, 23,
Azay en Touraine, 62, 64.
D'Azay de Rideau, 62, 63, 64.

B

De Bailleul, 64.
Baïse, rivière, 13.
De Bajamont, 16, 17, 21, 52, 53, 54, 76.
Balarc, 13.
De Balenx, 16.
De Balon, 64, 65.
De Balzac, 22.
De Balzac d'Antraigues, 76.
De Baptresse, 41, 42, 61.
De Barcelonne, 7, 8, 69.
Barsac, 50.
Basse de Campagne, 23.
Batpaumes, (moulin de), 12, 15, 59, 74.
De Baulac, 18.

Bazas, 13.
De Béarn, 18, 33.
De Beau *Brumeux*, 64.
De Beaulieu, 27.
Beaumont-de-Lomagne, 39.
De Beaumont, 61.
De Beauregard, 27.
Beauville, 14.
De Beauville, 22, 76.
De Bellanger, 64, 65.
De Bellecombe, 57.
Capitaine Bellestat, 46.
Belloc de Capcon, 23.
Bernet, 14.
Du Bernet, 18,
Bergerac, 48,

De Berrac, 30, 76.
Bertaud, 65.
De Béthune, 39.
De Bezolles, 15, 30, 76.
De Bioccia, 70.
De Birac, 25, 53, 55, 56, 57, 76.
De Biron, 39, 40.
Bivès, notaire, 12.
De Blanquefort, 22, 37, 60, 76.
Blaye, 39,
Boé, 26,
De Boisse, 49, 52, 54.
De Boissonnade, 53, 54.
De Bonas, 15.
De Bonnefont, 76.

— 82 —

De Bonnet Saint-Quenty, 23.
Bonneveau, abbaye, 8, 70.
De Bonrepos, 27.
Bordeaux. 31, 44, 45, 46, 49, 50, 55, 57, 65.
Bordelais, 14, 24, 50, 51.
De Bordes, 15, 17.
De Borit de Saint-Martin de Goyne, 30.
De Born, 26.
Del Bosc, 13, 24.
Bosvieux, 62.
Boudin, 23.
De Bouillon, 38, 42.
Bourbon, cours d'eau, 19.
De Bourbon. 33, 35, 39, 74.

Bourbons, 37.
De Bourget Duvignau, 27.
De Bourgogne, 9, 11.
De Bourrouillan, 15, 48.
De Bourrousse, 31, 51, 56.
Boussac, 48.
Du Bouzet, 31, 55, 56, 76.
De Boville, 17.
De Brantôme, 36, 38.
De Brauval, 27.
De Brax, 55, 56.
De Brazalem, 30.
De Bretagne, 11.
De Brienne, 9.
De Brierie, 66.
De Bries-au-Loup, 61.

De Brimont, 56, 57.
De Brissac, 63.
Caqitaine Broc, 46.
De Broca, 15.
Brouage, 61.
De Bruch, 29.
Bruilhois (vicomté de), 31, 34
De Bruilhois, 33.
De Brunet, 26.
De Bure, 32.
Bureau du Domaine du roi Guyenne. 54, 55.
De Burie, 32.
Du Busca, près Condom, 30.
De Buzet, 22, 76.

C

Cabinet historique, 49.
De Cadreils, 76.
De Cadrès, 28.
Caillac, 13.
De Calabé, 13.
Calendrier Grégorien, 35.
Calendrier Julien, 35.
De Calonges, 29.
De Cambefort, 35.
De Cambes, 22, 23, 25.
De Camboulhères, 29.
De Campagnac, 14.
De Camps, notaire, 14.
De Canabazès, 27, 76.
De Cancon, 21, 22, 76.
De Carbonnac, 27.
De Carbonnier, 57.
Carbonnier La Mothe Ferrier, dit Laroque, 23.
De Carbonneau, 56.
De Carbonnières, 23, 76.
Des Cars, 61.
Del Casal, 14.
De Cassagnet, 15.
De Casseneuil. 22, 23, 76.
Capitaine Casting du Breuil, 46.
De Castanet, 17.
De Castelgaillard, 22, 23.
Du Castella, 27.
Casteljaloux, 13, 14, 35, 39.
Castelmoron-sur-Lot, 69.
De Castelnau, 18, 44.
De Castelsagrat, 24.
Del Castéra, 14.
De Castelz, 23.
De Castille, 10.
De Castillon, 19, 30.
Castillonnès, 23.
Castres, 47.
Castres d'Albigeois, 15.

De Castris, 30.
De Cathus, 23.
De Cauderoue, 30.
De Caumont, 21, 31, 75.
De Caupenne, 14, 15.
Causel, 43.
De Caussens, près Condom, 30.
De Cauzac, 24.
De Cauzens, 29.
De Cazenave ou de Cazenove, 16.
Cazeneuve, notaire. 13.
De Cessac, 26.
De Cézerac, 25.
De Chabot, 9.
De Chambaret, 50.
Chambre de l'Édit de Guienne, 47.
De Champagne, 41.
Chamin, 34.
Charles IV le Bel, roi, 58.
Charente, 10.
De Charri, 42.
Chartrons, 50.
De Chasteigner, 41, 76.
De Châteaurenard, 72.
Château-Trompette, 50.
De Chatellerault, 9, 11.
Chauveron, 48.
De Chemillac, 57.
Des Cheminées, 57.
Cherbourg, 62.
Du Chesne, 41.
De Chizay, 9.
Chronique de Malebaysse, 50.
De Chypre, 5, 9.
Ciron, cours d'Eau, 50.
Clairac, 44, 45, 46.
De Clayrat, 16.
De Clermont, 32, 44, 61.
Clermont-Dessous, 19.

De Clermont-Dessous, 24, 70
De Clermont-Dessus, 22, 76.
Cognac, 41, 42.
De Cognac, 11.
De Combebonnet, 22.
De Commarque, 17.
Commentaires de Monluc, 57, 62.
De la Communauté d'orig des Lusignan d'Ageaais des Lusignan du Poitc 59.
Conac, 57.
De Condé, 51.
Condom, 12, 59.
Condomois, 20, 28, 31, 76.
Connétable de France, 18.
De Constantin, 19, 20, 47, 4 49.
De Conti, 51.
De Cornefou, 61, 64.
Cornier, notaire, 41.
De Coraouailles, 11.
Capitaine Corrèges, 46.
De Corrensan, 28.
De Cossé, 62, 63, 64.
De Cossé-Gonor, 63.
Coudert ou Couderc, capitain, 42.
Couhé, 7.
De Couhé, 8, 11, 48, 70.
De Courcelles, 19, 20, 47.
Cours, commanderie, 13, 14.
De Cours, 24, 56. 76
De Courtenay, 10.
De Courtenvaux, 65.
Capitaine Cousseau, 46.
De Couture, 13.
De Couyssiel, 24.
Crancelin, 74.
De Créqui, 66, 74.

Créquier, 74.
Croisades (salle des) 8, 60.
Croissant, 74.

Croquans, 46.
Du Cros, 57.
Cruzel, notaire, 52, 53, 54, 57.

De Cuzorn, 2.

D

Damiette, 10.
De Dammartin, 17.
Darnald, 17.
Capitaine Dat, 46.
Daunefort, 57.
Daurée, 53.
Dégat (faire le), 47.
Du Dehès, 30.
Dellac, Pierre, notaire, 13.
Delprit, notaire, 14.

Dictionnaire des familles de l'ancien Poitou, 65.
Digame, 59.
Dôle, 65.
Dolmayrac, 69.
De Dolmayrac, 24.
Domens, notaire, 14.
Donné, 31.
Donzac, 31.
Dordogne, 44, 46.

De Doudeauville, 70.
De Dreux, 9, 11.
Dubernet de Boscq, 67, 71.
Du Duc, 44, 45, 46.
De Duras, 21, 35, 36, 37, 38, 60, 76.
De Durfort, 15, 16, 17, 35, 36, 37, 38, 48, 53, 54, 60, 76.
X. Dutheis, 60.
Duthil, 57.

E

Ebles, 6.
Ecu en bannière, 74.
Edit de Nantes 45.
Elie, notaire, 12.
Empire Français, 74.
Enquête pour l'ordre de Malte, 55, 56.
D'Entraigues, 22.
D'Epernon, 47, 49, 50, 51, 53.
Epernonistes, 50.

D'Escandaillac, 26.
D'Escassefort, 26, 76.
D'Escodéca, 49, 52, 54.
Esmotion populaire en la ville d'Agen, 50.
Espagne, 62.
D'Espagne, 16.
D'Espalais, 25.
D'esparbès, 53.
D'Esparros, 18.

D'Éparsac, 52.
D'Espaze ou de Paze, 29.
D'Estillac, 33.
D'Estissac, 21, 70, 75.
D'Estrepouy, 29.
D'Etampes, 60.
D'Eu, 9, 70.
D'Everly, 65.
Capitaine Eyquem, 46.

F

De Fabas, 39 48.
Fabre, notaire, 61.
De Fages, 27, 76.
Famemorte de Tonneins 22.
De Faudoas, 29, 76.
De Faulhet, 21.
De Fauillet, 75.
De Faur, 34.
De Faure, 53.
De Favols, 27.
Ferréol de Tonneins, 16.
De Ferréol, 76.
De Ferrussac, 27, 48.
De Feuga, 30.
De Fezensac, 12.
De Fieux de Beauville, 26.
De Fieux, près Francescas, 28.

De Fieux, près Miradoux, 76.
De Filartigue, 16.
Henri Filleau, 65.
De Fimarcon, 28, 76.
Capitaine Flairiny, 46.
Flamands, 11.
De Flamarens, 18,
Flaviac, 14.
Fleur de lis, 74.
De Fontenay, 9, 60, 61.
De Fontenay-Mareuil, 65.
De Fontirou, 22, 23,
Forget, 65.
Du Fossat, 16.
De Fosseries 29.
Fossine, 9,
De Fougères, 11.

Fouquet, 65, 66.
Fouquet de Marsilly, 66.
De Fourcès, 29, 76.
De Foyssac, 25.
Du Fraichou, 29, 52,
De France, 6, 8, 10, 11, 17, 34, 35, 37, 40, 41, 62, 66, 67, 68.
François 1er, roi, 18, 19, 58, 61.
Frégimont 19, 69.
De Frégimont, 27, 52.
De Frespech, 24, 76.
De Frézeau, 66.
De Fumel, 15, 16, 22.

G

Gabelle, 50.
Galapian, 19, 42, 51.
De Galapian, 48, 49, 51, 52, 53, 54, 55, 56, 57, 61.
De Galard, 16, 30, 32, 76.
De Galaup, 27.

De Ganet, 53, 56,
Garenne, 35.
Garonne, 5, 12, 15, 19, 31, 33, 34, 36, 38, 39, 44, 46, 50, 51.
Garsaud, notaire, 65.

Gascogne, 20, 21, 31, 32, 41, 58, 62, 63, 64, 75, 76, 77, 78.
De Cascogne, 7, 8.
Gaure, 32.
Gentilhomme de nom, armes et

extraction, 56, 79.
De Gerbeaux, 30.
Geoffroy I*er*, 9.
Geoffroy II, *à la Grande Dent*, 9.
De Gimac, 52.
De Gimat, 30.
De Glocester, 10.
Gonor en Anjou, 63.
De Gontaut, 36.
De Gontaut Biron, 42, 74.
De Goth ou du Gout, 76.

De Gourgues, 50.
Du Gout, 29, 76.
De Gozon, 76.
Grandmont (ordre de), 10.
De Graveron, 23.
Gravier, d'Agen, 26, 37, 38, 39.
Du Gravier, 49.
Gredin, Raymond, 14.
Grégoire III, pape, 35.
Grignols, 13.
De Grimard, 57.

De Grossolles Flamarens, 76.
De Guerre, 27.
De Gueyze, 29.
Guienne, 35, 47, 49, 50, 51, 57, 58, 67, 78.
Guillaume III *Tête d'Étoupes*, 6.
Guillaume IV *Fierabras*, 6.
De Guilli, 66.
Guy Geoffroy, dit Guill. VIII de Poitiers, 7, 8.
De Guyonnet, 54, 57, 58.

H

Ha, château à Bordeaux, 50.
Ha, château en Bruilhois, 34.
Harenc (bataille de), 9.
Du Haumont, 50.
D'Hauterive, 25.
Hébrard, de Villeneuve, 27.
Henri II, roi, 58.
Henri III, roi, 18, 62.
Henri IV, roi, 33, 34, 37, 38, 40.
Henri III, roi d'Angleterre, 12.
Histoire de l'Agenais, du Con-

domois et du Bazadais, 36, 40, 47, 51.
Histoire des Pairs de France, 19.
D'Hozier, 6.
Hugues I*er* de Lusignan, *le Veneur*, 6.
Hugues II, *le Cher ou le Bien aimé*, 7, 70.
Hugues III, *le Blanc*, 7.
Hugues IV, *le Brun*, 7.
Hugues V, *le Pieux ou le Dé-*

bonnaire, 7.
Hugues VI, *le Diable*, 7, 69.
Hugues VII, *le Brun*, 8, 9, 41, 60, 69, 70.
Hugues VIII, *le Brun*, 9.
Hugues IX, *le Brun*, 9, 10.
Hugues X, sire de Lusignan, 10, 74.
Hugues XI, *le Brun*, 11.
Hugues XII, *le Brun*, 11.
Hugues XIII, *le Brun*, 11.
Hugues Capet, roi, 7.

I

Insinuations (registres des), 63.
Institut, 19, 51.
Reine Isabelle, 10.

D'Issoudun, 9.

J

De Jarnac, 11.
La Jarretière (ordre de), 60.
Jean II, *le Bon*, roi, 67.

Jean Sans Terre, roi, 10.
De Jérusalem, 5, 9, 70, 73.
De Joinville Vaucouleurs, 11.

Juge d'Armes de France, 14.
Juge-Mage, 20.

L

De La Barde, 26.
De La Barrière, 65.
De La Barthe. 23.
Labastide, 27.
De Labat, 15.
De La Benze, 27.
Capitaine La Boulbène, 46.
Labrouste, notaire, 13, 14.
De La Cane, 24.
De La Capelle Biron, 26, 42, 76.
De La Cassagne, 16, 26.
De La Caussade, 28.
De La Cépède, 57.
De La Chapelle Trentels, 27.
Capitaine La Clotte, 46.
De La Clotte, 57.

De La Coste, 18.
La Couture, 13.
La Crouzette, 47.
De Laduguie, 23, 76.
De La Duguie Dessus, 25.
De La Force, 44.
De Laffore, 31, 51, 56.
La Fox, 36, 39.
De La Fox, 52.
De Lagarde, 27, 75, 76.
La Giscardie de Rebeilh, 27.
De La Giscardie, 76.
De La Goutte, 22.
De La Guesle, 64.
De Laian, 16.
De Lalande, 22, 27.
De La Marche, 5, 6, 7, 8, 9, 10,

11, 69, 74.
De La Marck, 38.
De Lamarque, 12.
De La Martinie, 14.
La Massoure, 11.
De La Maurelle, 24.
De La Montjoye, 30.
Capitaine La Mothe, 46.
Lamothe d'Ante, 27.
De La Mothe, 12.
De Lamothe Bonnet, 29.
De Lamothe Durfault, 28.
De Lamothe de Pis, 21, 22.
De Lamothe Quiéric, 23.
De La Motte Saint-Héraye, 61, 64.
Lamothe Sudré, 27.

Langoiran, 50.
Langon, 51.
De Lansac, 41, 60, 61, 63, 64, 65, 66, 78.
De Lanzac, 48.
De La Perche, 33.
De La Peyre, 18.
De La Plaigne, 55.
De La Plasse, 48.
De La Pole, Suffolk, 60.
De Laporte, 40.
De La Poujade, 26.
De Lard, 76.
De La Reux, 30.
De La Roche, 7, 70.
De La Rocheaudry, 61.
De La Rochefoucault, 7, 70, 71.
La Rochelle, 75.
De Laroche Mabile, 66.
De Larroquaing (de Rocquaing), 30.
Larroque, 14.
De La Roque Bois Verdun, 22.
De La Roque Fimarcon, 30.
De La Rouquette, 23.
De Larroque, 29, 33.
De Lartigue, 13.
De L'Artigue, 49.
De Las, 55, 56, 57.
De Lassalle Bertrand, 23.
De Lasalle de Pincarrétard, 28.
De Lassalle du Prat, 24.
De Las Bousigues, 30, 76.
De La Séguynie, 27.
De Lasserre, 30.
Lasserre Aubeterre, 53.
Latané, 57.
La Thaumassière, 65.
De La Tour d'Auvergne, 35, 88.
De La Tour de La Sauvetat de Caumont, 27.
De La Trémouille, 66.
La Trène, 50.
De Lau, 12, 58. 59, 71, 72.
Armes de Lau, 72, 73.
Devise de Lau, 59.

De Lauba, 30.
De Laugnac, 24. 52, 53, 54, 59, 71, 76.
De Laulnay, 63.
De Laurière, 48, 51, 53, 55, 56.
Lausenhan, v. Lusignan.
De Lauzières, 47.
De Lauzun, 21, 22, 75.
De Laval, 18.
De La Vallée Fossés, 65.
De Lavardac, 18, 29.
De Lavenère, 15.
De La Veyre, 13.
La Vielle, 18.
La Ville, greffier, 31.
De Léaumont, 12, 59.
De Lécluse, 10.
Lectoure. 34, 35.
Lefazelier, 65.
De Leguet, 27.
De Lembertye, 27.
Léopards, 74.
Le Rey ou Le Roy, 62, 63.
De Lescale, 28.
Lésignem et Lésignan, v. Lusignan.
De Lestelle, 26.
Leydet, notaire, 57.
De Lézay, 8, 70.
De Lian, 17, 18.
De Liancourt, 70.
Libourne, 50.
De Ligardes, 30, 76.
Limousin, 7, 50.
Limoges, vicomté, 36.
De Limoges, 9.
Du Lion, 48, 49.
De L'Isle, 18.
De Lisle, 29.
De Lisse ou do L'Isle, 29.
Litre funèbre ou seigneuriale, 71, 72.
De Lomagne, 15, 30, 48.
De Lomagne de Montagnac, 76.
De Longueville, 25.
De Lorges, 37.
De Lorraine, 44.

De Lostelnau, 28.
Lot-et-Garonne. 31, 51, 62, 63.
Lothaire, roi, 6.
De Loubatéry, 57, 58.
De Loubens, 13, 14.
Louis IV *d'Outremer*, 6.
Louis VI *le Gros*, roi, 11.
Louis VII le Jeune, roi, 6, 8, 41, 70.
Louis VIII, roi, 12, 74.
Louis XI, roi, 58.
Louis XII, roi, 18.
Louis XIII, roi, 19, 37, 43, 44, 45, 46, 62, 66.
Louis XIV, roi, 58, 65.
Louis XV, roi, 12, 59.
Loutrange, 14.
De Lusignan, 5, 6, 7, 8, 9, 10, 11, 12, 13, 14, 15, 16, 17, 18, 19, 20, 21, 24, 32, 33, 34, 35, 36, 39, 40, 41, 42, 43, 44, 45, 46, 47, 48, 49, 50, 51, 52, 53, 54, 55, 56, 57, 58, 59, 60, 61, 62, 63, 64, 65, 66, 67, 68, 69, 70, 71, 72, 73, 74, 75, 76, 77, 78, 79, 80.
Lusignan, 6, 8, 17, 51, 57, 67, 68, 69, 71, 74.
Lusignan-Grand, 16, 19, 71.
Lusignan-Petit, 16, 19.
Lusignan (marquisat de), 19, 55, 78.
Armes de Lusignan, 8, 9, 70, 71, 72, 73.
Lusignan (Notre-Dame de), 7.
Lusignans du Poitou, 5, 32, 40, 60, 67, 69, 71, 73, 77, 79, 80.
Lusignans de l'Agenais, 5, 12, 15, 32, 40, 41, 60, 67, 69, 73, 75, 77, 79, 80.
Lusignan d'origine, 72.
Lusignan par substitution, 72.
Lusinhan, v. Lusignan.
De Lussan, 53.
De Lustrac, 21, 76.
De Luzech, 26, 76.

M

De Macary, notaire, 34.
De Madaillan, 16, 19, 25, 68, 69, 75.
Ad. Magen, 50, 62.
De Mairevent, 9.
De Mainvielle, 15.
De Malras, 40.
Del Mals, notaire, 14.
Malte, 56.

Armes de Malvin, 71.
Des Marais, 8.
De Maran, 30.
Marche, 74.
De Marcous, 22.
De Marignac, 17.
Marignan (bataille de), 18.
Marin, 18.
De Marin, 31, 55, 76.

De Marolia, 65.
Marmande, 25, 39, 40, 46.
De Marsilly, 65, 66.
De Martignac, 47.
Capitaine Martin, 46.
Mas d'Agenais, 39.
De Massencome, 15, 32, 33.
De Massanès, 22, 30.
De Maubert, 14.

— 86 —

Mauclerc, 11.
De Mauléon, 8.
Maurenay, 14.
De Maurès, 49.
Maurignac, 19.
De Mauvoisin près Monbeau, 31.
De Mayenne, 44.
Mazarin, 49.
De Mazières, 22.
De Médicis (reine), 35.
Méditerranée, 62.
Meilhan, 13.
De Melle, 7, 9. 70.
De Mellet, 19, 28.
Fée Mellusine ou Mélusine, 6, 7, 70, 71, 72, 73, 74, 75, 77, 78, 79, 80.
Mémoires de Bouillon, 36, 37, 38.
Mémoires de Brantôme, 36.
De Mérens, 15, 29.
De Merpins, 11.
De Meslon, 39.
Milice du temple, 12.
De Miossens, 18.

Miradoux, 26, 76.
Monbal 27.
De Monbalen, 48, 51, 52, 55, 57, 58, 61.
Monbran, 69.
De Monbrun, 27.
De Mondenard, 23, 48.
Monheurt, 33, 34, 44.
De Monlong 43.
De Monluc, 18, 32, 33, 61.
De Moncaut, 16, 17, 48, 51, 53, 55, 56, 57.
De Mongausy, 31.
De Mons ou Moïs, 16.
De Montagnac, 30.
De Montagu, 15, 16, 33, 48.
De Montalembert, 7.
De Montastruc, 22, 76.
Montauban, 44, 47.
De Montaut, 19, 32.
De Montau, 25.
De Montbahus, 75.
De Montcassin, 29, 76.
De Montégut, 24.
De Monteilh, 27.
De Montferrand, 76.

Montflanquin, 23, 44.
De Montlézun, 31, 42.
De Montlézun Pardiac, 76.
De Montlieu, 60.
Montesquieu, 31.
De Montesquiou, 54, 56, 59.
De Montesquiou Xaintrailles, 72.
De Montgommery, 37, 38.
De Montmorency, 18, 74.
De Montpezat, 15, 16, 17, 24, 52, 53, 54, 57, 59, 67, 69, 71, 75, 76.
Armes de Montpezat, 71, 73.
De Montpouillan, 21, 75.
De Montricoux, 49.
De Monts, 18.
Montségur, 39, 46.
De Montségur, 16, 26, 76.
De Monviel, 22.
De Mortemar, 61.
Am. Moulié, 67, 68, 73, 74.
De Mourlet, 13.
Armes de Mun, 72, 73.

N

De Nadaillac, 48.
Nantes, 15.
De Narbonne, 53, 55, 56, 57, 76.
De Nargassier, 53.
De Nassau, 38.
Nau, notaire, 66
De Navarre Champagne, 11.
Navarre (roi de), 32, 33, 34, 35,

36, 37, 38, 39, 40, 61.
Nérac, 12, 13, 35, 36, 39, 46, 48.
De Nîmes, 7.
De Noaillac, 23.
De Noailles, 76.
De Nogaret, 49.
De Normandie, 6.
De Nort, 56.

Note sur Mlle de Maurès, 49
Nouaillé, 9.
De Nuchèze, 41, 42, 47, 56, 78.

O

Ops, écuyer, 13.
D'Orange, 38.

P

De Padiern, 13.
Palestine, 10.
De Pamicot, 22.
De Pardaillan, 13, 15, 22, 26, 76.
Paris, 49, 63.
De Parron, 28, 29.
De Parthenay, 7, 70.
De Patras, 31, 76.
Patrix, notaire, 63, 65.
De Pechagut, 16.
Du Pécille, 56.
De Pélagrue, 16, 76.
De Pembrock, 5 6, 11, 70.
Penne, 23.
Périgord, comté, 19, 26.
De Peron, 27.
De Perricot, 25.

De Pérusse, 61.
De Pestillac de Cuzorn, 26.
Peyrarède, 48, 49.
Phélypeaux, 43, 46.
Philippe Auguste, roi, 12, 74.
Philippe IV le Bel, roi, 11, 68.
Philippe V le Long, roi, 58.
Philippe VI de Valois, 68.
De Picques, 23.
De Pichon, 21, 22, 55.
Pin (porte du), 36, 38.
De Pincarré, 30.
De Plaisance, 33.
Plantagenet, 6.
De Plèneselve, 27.
Am. Plieux, 63.
De Plieux, 30.
De Podenas, 28.

Podensac, 50
De Pois, 66.
De Poitiers, 6, 7, 8, 10.
Poitiers, 43, 67.
Poitou, 5, 6, 10, 41, 48, 60, 69, 73, 74, 75, 78, 79,
De Polastron, 15.
Pologne, 62.
De Pompadour, 42, 48.
De Pons, 11
De Pontac, 15.
De Ponthieu, 9.
De Porrhoët, 11.
Porte del Castel, 13.
Portets, 50.
Port Sainte-Marie, 19, 25. 4
De Poudenas, 76.
Du Pouget, 48, 49.

Du Pouy, 31, 46.
Del Poy, 13.
Pradias, 14.
De Pradines à Gontaud, 27.
Prayssas, 19, 69.
De Prayssas. 24.
De Précy, 61.
Preignac 50.
Provins 17.
De Puchbottin 16.

De Pujols, 21, 37, 76.
Du Puy, 19.
P. du Puy, 31.
De Puyans, 16.
Puycalvary, 8, 41, 66.
De Puycalvary, 26, 61, 62, 63, 64, 65, 66, 76, 77, 78.
De Puy Guiraud, 27.
Puymirol, 27, 32, 40, 42, 43, 45, 56, 78.

De Puy Pardin, 29.

Q

Capitaine Qualy, 40.
De Quercy, 7, 46, 49, 69.
Quinconces, 50.
De Quissac, 22.

R

De Raffin Pothon, 41, 62, 63, 65, 66, 76, 77, 78.
Rames ou Ramba (bataille de), 8.
De Rancon, 9.
De Ranse, 33.
De Rauzan, 35, 36, 37, 38, 76.
Raymond, écuyer, 28.
De Raymond, 19, 57, 76.
De Raymond de Folmont, 76.
Raymond Bérenger II, *Tête d'Etoupes*, 69.
Recours, notaire, 52, 53.
Recueils des travaux de la Société d'Agr., Scien, et Arts d'Agen, 50.
De Redon, 18, 54.
De Rey, 55.
De Révignan, 16, 30 76.
Revue d'Aquitaine, 18.

Revue de Gascogne, 58.
Richard, *Cœur de lion*, roi, 10.
De Rigaud, 32.
De Rignan, 29.
De Rigoulières, 22.
De Ris, 48.
De Riverres, 22.
De Robe Courte, sénéchal ou lieutenant, 15, 20, 63, 75, 77, 78.
De Robe Longue, 20.
De Rochechouart, 61.
De Rochette, 66.
Rodez, 58.
De Roger, 76.
De Rogier, 26.
Rogue de Lusignan, 8.
De Rohan. 47.
Roland, 18.

Rôle des Nobles, 63.
Rolle des Nobles (1557), 21.
Rome, 35, 66.
Romestang, 14.
Du Roqual, 27.
De Roquecorn, 16, 26, 76.
De Roquefère, 29.
De Roquelaure, 29, 53, 76.
De Roquepine, 30, 31, 76.
De Roquepiquet, 46.
De Rosny, 39.
De Rouillac, 29, 76.
Roussel de Mirapeis, 14.
De Rovignan, v. de Révignan.
Du Roy, 27.
Elie Rudel, 11.
Rupes Fucaldi, 7, 70.

S

Sac, 19.
Saintes, 10, 74.
De Saintrailles (V. de Xaintrailles).
De Salignac, 36, 38.
Salvagnac, 18.
Samazeuilh 36, 40, 47, 51, 53, 59.
De Sancerre, 11.
Sarasine, 8.
Sardepur, 22.
Sarrasins d'Espagne, 7, 8.
De Saunhac, 48.
Sauvagnas, 18.
De Sauvebœuf, 50, 51.
La Sauvetat, 13.
Sauvetat de Caumont, 28.
De Sauveterre, 26, 76.
De Savoie, 11, 18, 21, 75.
De Savignac, 16, 19.
De Savignan, 35.
De Saxe, 74.
De Saint-Amans, 17, 35, 38, 44.
Saint-André de Bordeaux, 16, 67.

De Saint-Barthélemy, 75.
De Saint-Bauzel, 26.
Sainte-Bazeille, 39.
De Saint-Berthomieu, 21, 28.
De Saint-Chinyé, 24.
Saint-Cyprien de Poitiers, 7.
Saint-Cyrq, 19.
Saint-Esprit (ordre du), 60, 61, 63, 78.
De Saint-Exupéry, 48.
De Sainte-Foy, 23, 27, 76.
Sainte-Foy-d'Ante, 27.
Sainte-Foy La Grande, 44, 46.
Saint-Gelais, 60.
Saint-Gelais (abbaye de), 69.
De Saint-Gelais, 8, 40, 41, 42, 60, 61, 62, 63, 64, 65, 66, 70, 73, 78, 79, 80.
De Saint-Gilles, 7, 69.
De Saint-Gresse, 18.
Saint-Hilaire de Colayrac, 19, 71, 72, 73.
Saint-Jean d'Acre, 9.
Saint-Jean de Jérusalem (ordre de), 13, 14, 55.

Saint-Laurent, 19.
Sainte-Livrade, 69,
Saint-Louis, roi, 10, 11, 12, 58, 74.
De Sainte-Marthe, 65.
Saint-Martin de Couhé, 7.
De Sainte-Maure, 65.
Saint-Maurin, 48.
De Saint-Médard, 24.
De Saint-Mézard, 29, 76.
Saint-Michel (ordre de), 61.
De Saint-Orens, 30.
De Saint-Pardon, 22.
De Saint-Pastour, 28.
De Saint-Pé, 15.
Saint-Puy, 32.
De Saint-Sauveur, 14.
De Saint-Savom, 23
De Saint-Severin, 41, 61, 78.
De Secondiny, 63, 64.
De Sédan, 38.
Du Sendat, 29.
Sénéchal d'Agenais et Gascogne, 18.
De Sères, 30.

De Séridos, 18.
Serisy, 64.
De Sevin, 21, 31, 53, 56, 75, 76.
De Sibault, 24.
De Sireuilh, 48.
De Sivray, 9.

Société d'Agriculture, Sciences et Arts d'Agen, 59.
Société des Sciences, Lettres et Arts d'Agen, 51, 62, 67.
De Soliers, 18.
De Sommerive, 18.
Sommery (régiment de), 58.

Sourbet, 12.
De Souvré, 63, 64, 65, 66.
De Suffolk, 60.
De Sully, 39.
De Suquet, 57.

T

Taillebourg, 9, 10, 74.
Tamizey de Larroque, 19, 20, 32, 33, 43, 45, 46, 49, 51, 55, 58.
Tardif, 65.
De Tayrac, 25, 76.
De Tende, 18.
Temple de Cours, 13, 14.
Templiers, 13.
De Terraube, 28, 29, 32, 76.
De Terraubon, 30.
Terre Sainte, 8, 9, 10, 58, 69.
Tête d'Etoupes, 6.
De Teyssonnat, 23.

De Thémines, 47.
De Théobon, 22, 44, 76.
De Thézan, 12, 13, 14, 15, 18, 19.
Georges Tholin, 41, 42, 51.
De Thouars, 7, 8, 11, 24, 52, 76.
De Timbrune, 76.
De Tombebœuf, 75.
Tonneins, 39.
De Tonneins, 16.
De Tonneins-Dessous, 21, 76.
De Torrebren, 30.
De Toujouse, 28.

Toulouse, 12, 31, 32.
De Toulouse, 7, 69.
Touraine, 62, 63, 64.
Tourne, 50.
Tournon d'Agenais, 62.
Tours, 64, 65, 66.
Tourtonde, notaire, 33.
Touton, 57.
De Trascous, 53.
De Travey, 22.
De Trenqueléon, 28.
De Turenne, 35, 36, 37, 38, 39, 41.
Turquie, 74.

V

Valence (évêque de), 62.
De Valence, 11, 25, 70, 76.
Valerin (Balarin), 29.
De Vallette-Verdun, 23.
Valois, rois, 37.
De Valois, 49, 62, 68.
De Varaignes, 18.
De Vassé, 66.
De Vaudreuil, 32.
Vayres-sur-Dordogne, 50.
De Vellissan (mot mal lu), 16.

De Verdun, 15.
De Verduzan, 15, 42, 46.
De Verfeuil, 18.
Versailles, 8.
Versailles (musée de), 70.
De Verteuilh, 25.
De Veyrier, 23.
De Vezins, 42.
Vic-Fezensac, 39.
De Viguier, 42.
De Villandrau, 60.

De Villars, 18, 21, 75.
Villeneuve-d'Agenais, 42.
Villeneuve-sur-Lot, 60.
De Villeneufve, 29.
De Villerbeau, 21, 22.
De Villoris, 57.
De Virac (de Birac), 25.
De Volpillon, 28.
Voltaire, 5.
De Vouvant, 9.
De Voyer, 63.

X-Y-Z

Xaintes (V. *Saintes*), 45.
Xaintrailles ou Saintrailles, 19, 72, 73.
De Xaintrailles ou de Saintrailles, 12, 16, 29, 54, 59, 76.

D'Yolet, 40.
D'Yorck, 60.

De Ysalguier, 32, 40, 41, 61.
Zaïre, 5.

Agen, Imprimerie et Lithographie Vᵉ LAMY.

www.ingramcontent.com/pod-product-compliance
Lightning Source LLC
LaVergne TN
LVHW050639090426
835512LV00007B/927